ŒUVRES

DE

SAINT-SIMON & D'ENFANTIN

PRÉCÉDÉES DE DEUX NOTICES HISTORIQUES

XXXIIIe VOLUME

ŒUVRES

D'ENFANTIN

PUBLIÉES PAR LES MEMBRES DU CONSEIL

INSTITUÉ PAR ENFANTIN

POUR L'EXÉCUTION DE SES DERNIÈRES VOLONTÉS

TREIZIÈME VOLUME

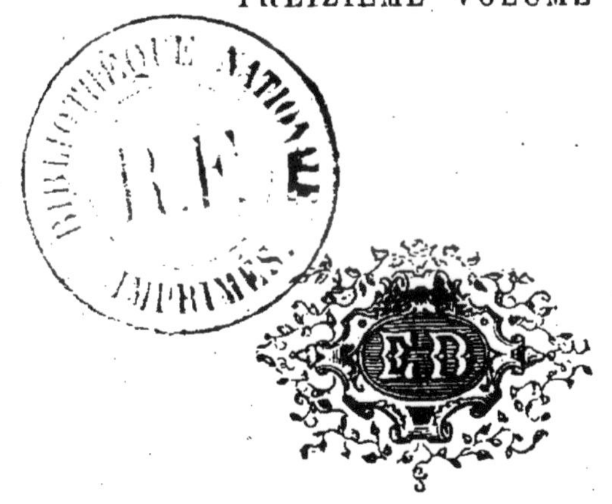

PARIS

E. DENTU, ÉDITEUR

LIBRAIRE DE LA SOCIÉTÉ DES GENS DE LETTRES

PALAIS-ROYAL, 17 ET 19, GALERIE D'ORLÉANS

1873

PRÉFACE

A la reprise de nos publications, après le silence de deux années que nous avait imposé la double invasion des étrangers et de l'anarchie, nous crûmes devoir signaler l'athéisme, en tête de notre XXIVe volume, comme LE GRAND COUPABLE DANS LES MALHEURS DE LA FRANCE, et pour qu'on ne se méprît pas sur le caractère religieux de cette accusation, nous dénonçâmes, peu de temps après, dans la préface de notre XXVIe volume, le COMPLICE de ce GRAND COUPABLE, son fatal générateur, lequel, après l'avoir mis au monde sans le vouloir et sans le savoir, s'obstine toujours à lui prêter aveuglément un concours actif dans ses ravages, en encourageant ou en commandant par la parole et par l'écriture, la résistance provocatrice des préjugés rebelles à l'esprit du temps.

« Oui, disions-nous, l'athéisme n'apparaît jamais sur la terre pour bouleverser à la fois la religion, la morale et la politique des États, que lorsque la religion elle-même, faute de vouloir ou de pouvoir maintenir ses dogmes, ses préceptes et ses enseignements à la hauteur des connaissances acquises et des progrès accomplis, se fait accuser de *n'être plus qu'une superstition, et qu'elle a manifestement perdu la puissance d'inspirer la foi.* »

Malheureusement pour la France et pour le monde policé tout entier, le *grand coupable* et son *complice* ne semblent pas disposés à se départir, le premier de ses négations subversives de tout ordre social; le second, de ses affirmations inadmissibles par la science et par la raison et de plus en plus incompatibles avec les aspirations progressives des nations civilisées.

Quelques lettres d'Enfantin, insérées dans le précédent volume (le XXXIIe), mettent en lumière le désordre moral et politique produit dans la société moderne par cet antagonisme, et démontrent aussi la vanité du système de *bascule* imaginé comme le remède le plus efficace à employer contre la fièvre sociale dont la France est travaillée. « Ce système de bascule, avait dit Enfantin, en mai 1840, a eu certainement de grands avantages, mais on ne peut pas se dissimuler qu'il use considérablement les rouages, et que s'il retarde quelques mouvements brusques, il oblige, de temps à autre, à de grands renouvellements de la machine... M. Thiers est arrivé au mot *conciliation*. C'est un excellent sentiment que celui de la conciliation, mais il ne suffit pas de dire à deux personnes qui se regardent comme ennemies : *Embrassez-vous et que cela finisse;* il faut encore leur faire sentir et comprendre les motifs d'union qui doivent changer l'inimitié en affection véritable, et, pour cette œuvre, M. Thiers et ses amis sont impuissants. Ils ont une intention fort louable ; ils représentent parfaitement la société désirant mettre fin à ses luttes, mais ils ignorent le moyen d'y mettre fin, parce qu'ils n'ont aucune idée de la forme nouvelle que devra prendre la société après cette réconciliation. »

Quand M. Thiers, le plus habile parmi les plus célèbres manieurs de la bascule conciliatrice, fut renversé pour faire place à l'illustre organe de la politique d'intimidation et de résistance, M. Guizot, l'homme d'État qui avait la prétention de représenter mieux que personne l'idée conservatrice,

Enfantin, exprimant sa pensée sur cette révolution de cabinet dans une lettre que nous publions aujourd'hui, et qui est datée d'Alger, le 26 octobre 1840, disait à Arlès :

« Cette demi-victoire parlementaire qui élève Sauzet et abaisse Barrot, nouvelle oscillation de la bascule politique, va faire illusion encore une fois au parti auquel il serait si intéressant d'ouvrir les yeux, pour qu'il vît enfin la vérité, pour qu'il pût lui-même changer son nom de *conservateur* et se proclamer hautement *réformateur*. Plus que jamais, le rôle que doivent prendre les défenseurs de l'ordre est évident ; ils sont perdus, s'ils ne ravissent pas la POPULARITÉ aux partisans de la liberté ; ils sont perdus, s'ils se bornent à RÉSISTER. Ne savent-ils donc pas que le Français est incomparable pour l'attaque, et qu'il est bien moins brillant à la défense ? Enlevez l'avenir à la baïonnette ; point de retraite vers le passé, même le passé d'hier ; marchons !

« Heureusement, comme je vous l'ai déjà écrit, dans notre politique à bascule, les hommes qui arrivent au pouvoir sont souvent entraînés à faire le contraire de ce qu'on attendait d'eux ; c'est-à-dire précisément ce qu'on attendait de leurs prédécesseurs, qui n'ont pas pu le faire, parce que les suites de leur tendance connue épouvantaient. » (Page 109, XXXIIe vol.)

Cette page semble écrite au lendemain de la dernière crise parlementaire qui a fait passer le timon de l'État des mains de M. Thiers dans celles du parti dont la politique militante, après plus de trente ans, représente si bien la tradition de M. Guizot, avec aggravation réactionnaire.

Mais, contrairement au besoin de popularité qu'Enfantin signalait comme indispensable et urgent pour la dynastie d'Orléans, la défaite de M. Thiers et l'avénement de son illustre rival n'eurent pas pour conséquence de faire faire par le vainqueur antiréformiste le contraire de ce qu'on attendait de lui. Le roi Louis-Philippe, son premier ministre et la majorité parlementaire auraient craint de se faire accuser de folie s'ils se fussent décidés à changer leur nom de *conservateurs* pour se proclamer hautement *réformateurs*. Ils furent donc vite *perdus*, selon la prévision d'Enfantin, pour n'avoir pas su ravir la POPULARITÉ aux partisans de la liberté, et pour s'être bornés à RÉSISTER. Ces aveugles, dont rien ne pouvait ouvrir les yeux pour les guérir de leurs illusions et leur montrer enfin la vérité, ne croyaient avoir à se défendre que sur des questions politiques d'une importance secondaire, faciles à résoudre sans secousse dans l'enceinte d'un parlement. Derrière la *réforme électorale*, qui leur donnait bien quelque souci quoiqu'ils en regardassent le rejet comme certain, ils ne voyaient pas venir encore la RÉFORME SOCIALE, qu'ils considéraient comme un simple rêve de quelques utopistes plus ou moins hallucinés.

La haute intelligence de l'homme d'État qui conduisait ces aveugles *satisfaits* à l'abîme avait été pourtant éveillée, sur cette réforme capitale, pendant son ambassade à Londres, par la prévoyance d'un autre grand ministre, Robert Peel, conservateur, aussi mais plus prévoyant, et qui avait dit à M. Guizot que la *condition misérable du peuple immense du travail manuel était une honte et un péril pour notre civilisation*, et que l'amélioration du sort des masses laborieuses, dans les limites du possible, deviendrait *la question dominante de l'avenir*. Il fallut le triomphe sanglant de la réforme électorale, le 24 février 1848, et la répression non moins sanglante de l'insurrection des ateliers nationaux le 24 juin suivant, pour constater l'existence et la gravité croissante d'un grief social au fond de nos luttes politiques. L'Assemblée nationale sembla comprendre d'abord l'énormité et l'imminence du péril que ce grief imprudemment dédaigné faisait courir à notre civilisation. Dans une déclaration de principes qu'elle plaça en tête de la Constitution, elle promit bien l'assistance sociale à tous les âges, mais quand elle s'occupa du programme des lois organiques qui devaient être déclarées urgentes, elle refusa le bénéfice de cette déclaration aux institutions législatives qui auraient pu réaliser cette promesse et mettre en pratique l'assistance sociale.

Un instant le mot de Robert Peel, qui n'était que l'expression de la pensée philanthropique des réformateurs français, parut avoir frappé un de nos proscrits longtemps réfugié en Angleterre. Un neveu de Napoléon, imité de nos jours par des prétendants de vieille souche, s'était préoccupé de l'*extinction du paupérisme* dans les loisirs de la prison et de l'exil, et il avait publié un livre dans lequel se trouvait cette phrase : *La classe ouvrière ne possède rien, il faut la rendre propriétaire*. Ce socialiste de bonne maison n'entendait pas à coup sûr prêcher par là le communisme ou l'agrariat. Il le fit bien voir quand il fut revêtu du pouvoir suprême ; car, tout en introduisant dans nos codes par voie législative quelques réformes qui témoignaient certainement d'une sympathie persévérante en faveur du *peuple immense du travail manuel*, il subit trop, par compensation, dans la politique intérieure, l'influence de l'oligarchie de vieille[1] ou de nouvelle date, laquelle, après avoir creusé, en 1815, avec les *introuvables* de Vaublanc, et en 1824, avec les *trois cents* de M. de Villèle, la tombe où M. de Polignac conduisit la branche aînée des Bourbons en 1830, avait enterré ensuite avec les *satisfaits* de M. Guizot la branche cadette de cette royale famille, et qui était destinée à mener l'Empire, avec les candidats *officiels* de M. Rouher, au précipice de Sedan.

Le chef de l'Empire resta sans doute favorable à la classe ouvrière au milieu même de ses concessions aux hommes et aux préjugés des vieux partis. Il fallait bien qu'il en fût ainsi, quand les grands corps de l'État où ces partis dominaient se crurent parfois obligés de faire violence à leurs penchants aristocratiques et de voter des mesures

1. Nous crûmes devoir signaler, dans *l'Opinion nationale*, les dangers de cette prédominance aristocratique et cléricale, en rappelant le reproche qu'avait encouru Napoléon Ier d'avoir fait *le lit des Bourbons;* reproche trop vérifié par les événements de 1814 et 1815.

libérales en faveur du prolétaire, pour ne pas déplaire à l'auteur tout-puissant du livre sur le paupérisme.

Mais le conservatisme invétéré s'était grandement dédommagé en haut lieu, comme nous venons de le dire, de ces petites complaisances, et il avait su faire jouer tous les ressorts dont il pouvait disposer auprès de l'empereur pour l'amener à croire qu'en sa qualité de monarque, il lui importait plus de se ménager le concours des puissances du passé, restées à travers tous les bouleversements politiques en possession de la richesse territoriale et financière et de la direction des consciences, que de s'exposer à perdre leur appui en cédant trop à l'influence des idées et des aspirations du parti aventureux de l'avenir. Un jour cependant, le ministre et l'ami de Napoléon III, M. de Persigny, s'aperçut que le grand parti de l'ordre s'était fortement organisé dans un intérêt qui n'était pas précisément celui de l'Empire. Comme sous le Directoire, au temps de la conspiration de Clichy, le royalisme clérical s'abritait, en effet, derrière la bienfaisance. En l'an IV, il avait imaginé un *institut philanthropique* où les affiliés étaient enrégimentés suivant leur position personnelle pour les luttes électorales et aussi pour la guerre civile. Sous la Restauration, il avait fondé la célèbre et redoutable *congrégation* que Royer-Collard, qui n'était pourtant ni jacobin ni athée, dénonça comme la directrice occulte et réactionnaire de la politique gouvernementale. Après la révolution de Juillet, il avait maintenu sa puissante organisation et il était si bien parvenu à circonvenir les ministres de la nouvelle monarchie qu'elle les avait entraînés, malgré leur libéralisme incontestable, à se défendre contre les trames et les émeutes républicaines par les fameuses lois de septembre que Royer-Collard avait marquées d'une flétrissure ineffaçable à la tribune, en des termes qu'on ne saurait trop rappeler aux partisans de la politique de combat. « Les remèdes auxquels M. le Président du conseil (M. de Broglie) se confiait hier, illusion d'un homme de bien irrité, avait dit Royer-Collard, sont des actes de désespoir, et ils porteraient une mortelle atteinte à la liberté, à cette liberté dont nous semblons avoir perdu l'intelligence et le besoin. Je rejette ces remèdes funestes, je repousse ces inventions législatives où la ruse respire ; *la ruse est la sœur de la force et une autre école d'immoralité*. (*Moniteur* du 26 août 1835.)

Cette autre école d'immoralité était loin d'être fermée sous l'Empire et elle exerçait une influence irrésistible et insaisissable sur les affaires publiques, par l'association cosmopolite que M. de Persigny tenta en vain de soumettre à la surveillance du Gouvernement et qui parvint à ruiner le crédit du ministre à la cour. L'Internationale jésuitique avait devancé l'Internationale ouvrière et elle était en mesure de contrarier efficacement, dans les plus hautes régions gouvernementales, les tendances du maître à améliorer le sort des travailleurs.

Un membre du Parlement, toutefois, osa appeler l'attention des pouvoirs publics sur la *question sociale;* mais la majorité des candidats officiels, sans repousser cette proposition, en ajourna le développement de semaine en semaine, de telle sorte que le Corps législatif fut emporté avec l'Empire avant que M. le comte Lehon eût pu expliquer à la tribune sa pensée sur les améliorations sociales qu'il croyait possible et désirable d'accomplir.

La République s'étant établie sans coup férir sur les ruines de l'Empire, que pas un de ses conservateurs les plus résolus ne s'était levé pour défendre et pour conserver, la défense nationale absorba tout d'abord la sollicitude et les efforts du nouveau gouvernement et de la masse de la nation. Mais l'universalité de cette préoccupation patriotique contrariait trop les ennemis extérieurs de la France et les ennemis intérieurs de la République pour qu'ils n'entreprissent pas, de concert ou séparément, de troubler ce mouvement unanime de l'esprit national. Des ferments anarchiques apparurent bientôt dans les réunions publiques où la licence la plus effrénée avait envahi la tribune et professé l'athéisme et le communisme deux ans même avant la chute de l'Empire. Quand l'anarchie sortit des clubs pour marcher sur l'Hôtel de Ville, tandis que le canon prussien tonnait sur Paris, les républicains du 4 Septembre, essentiellements modérés, réprimèrent cette folle et criminelle tentative, et Paris tout entier les en remercia par un plébiscite qui leur donna cinq cent cinquante mille suffrages et plus contre cinquante ou soixante mille seulement.

Le vrai parti de l'ordre moral et matériel était donc assuré d'une immense majorité dans la capitale. Malheureusement la démagogie, tenue sans cesse en éveil par des fous ou des traîtres, put, quelques mois après, profiter d'un incident pour se relever de cet éclatant échec et aller s'installer au siége traditionnel des pouvoirs révolutionnaires, à l'Hôtel de Ville.

Oh! alors, la question sociale ne fut plus éludée, ni passée sous silence! Les fous de la démagogie, poussés par les stipendiés de l'étranger et des monarchies déchues, la posèrent sur les cadavres des bons citoyens et sur les ruines des plus beaux monuments de la capitale, c'est-à-dire en démolisseurs et en niveleurs impatients de mettre la barbarie de leurs institutions en harmonie avec la sauvagerie de leurs actes. Il s'agissait pour les provocateurs de ces incroyables et abominables excès de faire peser sur la république la plus sage et sur le socialisme le plus pacifique la responsabilité de toutes ces horreurs, et de rendre tout gouvernement démocratique et tout essai de réforme sociale désormais impossibles par le seul souvenir du règne monstrueux du Comité central et de la commune.

C'était du souvenir des sanglantes journées du 2 septembre 1792 et du règnede la *Terreur* en 1793 et 1794, souvenir réveillé quarante ans plus tard (en juin 1832) par de nouvelles luttes fratricides au milieu desquelles apparut le *drapeau rouge*; c'était de ce souvenir, ravivé encore en juin 1848 par l'explosion de la guerre civile dont la dissolution des ateliers nationaux devint le signal; c'était de la répétition déplorable de tant d'affreuses calamités, qu'était venue, aux irréconciliables ennemis de l'esprit moderne, l'idée de faire peur du progrès social à la France et à l'Europe, en le transformant en horrible fantôme sous le nom de *spectre rouge*.

Certes, les saturnales démagogiques dont Paris avait été le théâtre, du 18 mars au 28 mai 1871, ne pouvaient qu'accroître la puissance terrifiante du fantôme que le génie réactionnaire avait imaginé et qu'il savait si bien faire mouvoir pour flétrir et arrêter la raison humaine dans sa marche ascendante, quoiqu'il fût bien avéré, comme nous venons de le rappeler, que les plus révoltantes de ces horreurs avaient été l'œuvre de minorités furibondes, toujours désavouées par les masses honnêtes de la démocratie et surexcitées le plus souvent, au milieu d'un grand danger public, par de faux démocrates à la solde de l'étranger ou des monarchistes.

Aussi que n'a-t-on pas fait, depuis les excès de la Commune, pour exploiter cet épouvantail?

Un chaleureux orateur, qui est devenu un de nos principaux ministres, portait à la tribune, il y a quelques mois, ce cri d'alarme. « Il ne s'agit pas de M. Thiers; il ne s'agit pas de république ou de monarchie; *il s'agit de la question sociale. Le flot des barbares monte, je l'entends monter; n'entendez-vous pas monter le flot des barbares?* »

Oui, nous entendons monter le flot des barbares; il y a plus de quarante ans que nous avons porté nous-mêmes ce cri à une autre tribune et que nous avons signalé la venue menaçante des *barbares.* Mais nous le poussions, nous, ce cri, pour presser les conservateurs de la civilisation féodale et cléricale, non pas de recourir à la politique de combat qui ne peut qu'aggraver le mal, mais de se transformer en pacifiques réformateurs et de refouler *le flot montant de la barbarie,* par le flot montant de la civilisation libérale et du progrès social, comme le disait Enfantin dans la lettre que nous avons citée plus haut et qui devait être mise sous les yeux du prince royal au lendemain même du remplacement de M. Thiers par M. Guizot.

Enfantin trouvait alors la situation de la

France *effrayante* ; il le témoignait au général Saint-Cyr Nugues dans une lettre du 10 novembre 1840. « Il n'y a plus à en douter, disait-il, les barbares et les esclaves sont à nos portes.... Dans l'espace de cinquante années, nous avons eu les phases de plusieurs siècles de Rome : comme le disait M. Thiers, nous avons eu César, César lui-même. Avant lui, nous avions eu nos proscriptions de Sylla, et, depuis lui, nous en sommes au bas-empire ; la parole et les avocats nous tuent ; c'est triste... » (T. 33. page 144.)

La tristesse d'Enfantin était alors partagée par les esprits les plus élevés et les cœurs les plus généreux de l'école libérale dont Royer-Collard, M. Guizot et l'ancien duc de Broglie avaient été les premiers maîtres. Un des plus éminents disciples de ces illustres chefs, le professeur Jouffroy, arrivé de bonne heure à la célébrité comme écrivain philosophe et rédacteur du *Globe* doctrinaire, étant entré dans l'arène politique, y éprouva vite un désenchantement dont il se montra impatient de faire confidence au public, ce qui fit écrire par Enfantin à Arlès, dans une lettre datée de Philippeville, le 12 mars 1840, les lignes qui suivent :

« Je n'ai vu de curieux ces jours-ci que le discours de M. Jouffroy, et là aussi vraiment je me sens confondre d'étonnement. La *Gazette* a raison de dire que c'est la paraphrase du rapport de M. de Chantelauze (*en tête des ordonnances de juillet*), avec cette différence seulement que M. Jouffroy signale les mêmes maux et la même cause, mais qu'il indique pour remède la conservation et le développement de la cause même, tandis que M. de Chantelauze conseillait de la supprimer.

« M. Jouffroy gémit de ce que les Chambres sont fractionnées, la société fractionnée, tous les principes en poussière ou dans la boue, tous les intérêts inquiets, etc. Or, la cause de tout cela c'est la brigue ministérielle, ses petites passions individuelles, la brigue électorale que l'extension du cens ne rendrait pas moins dangereuse, la licence de la presse, peut-être même la faiblesse du jury; « mais tout cela, monsieur le philosophe, c'est le gouvernement parlementaire tel que vous l'avez prêché et pratiqué, ce sont ses traits nécessaires, naturels, indispensables; vous récoltez ce que vous avez semé; de quoi vous plaignez-vous? » Personne encore à la Chambre n'avait exprimé aussi nettement le mal dont la société est rongée, mais la véritable conclusion d'un pareil discours était :

Allons nous-en, mes chers confrères,
Allons nous-en chacun chez nous.

« Je me réjouis de cette naïve confession parce qu'elle annonce que nous approchons du moment où l'on pourra leur dire :

Allez vous-en chacun chez vous,

« Et soyez-y bien sages.

« Depuis plusieurs années M. Gauguier dit à la Chambre, avec accompagnement d'un chœur de plus en plus formidable : « Vous êtes des hommes sans conscience. » Voici M. Jouffroy qui, au nom d'une Commission importante, ajoute : « Vos petites passions égoïstes sont cause de tout le désordre social; vous sacrifiez la société à votre orgueil, à votre ambition ; il y a anarchie en France parce que vous êtes vous-mêmes anarchiques, désunion parce que vous êtes désunis, immoralité parce que vous êtes immoraux ; les lois ne vous manquent pas, vous manquez aux lois. » Et il a mille fois raison. Quand donc viendra le jour où une pareille *accusation* sera suivie de son *jugement* en bonne forme ? » (Vol. 33, pages 217, 218, 219.)

Après plus d'un quart de siècle et trois grandes révolutions, il n'y a guère rien de changé dans les plaies morales et politiques de la France, et M. Jouffroy aurait peu à retrancher de son réquisitoire contre le désordre social. Nous sommes toujours sous le règne de la parole, entre les barbares qui ont donné naissance au spectre rouge et les conservateurs militants qui s'obstinent à perpétuer l'histoire d'un autre spectre non moins effrayant, quoique d'une autre couleur.

Mais l'immense majorité de la nation repousse également ces deux spectres ; elle est essentiellement progressiste ou républicaine conservatrice, comme l'entendait M. Thiers. Que les successeurs de cet homme d'Etat ne l'oublient pas : s'ils ne savent pas concilier le progrès avec l'ordre et conquérir ainsi la popularité dont jouissent les partisans de la liberté, malheur à eux ! Le mot de notre maître, inséré et répété dans ce volume aux pages 109 et 171, deviendra prophétique : Ils sont perdus !

Ils sont perdus !... mais cette défaite complète et définitive, prédite avec tant d'assurance aux conservateurs incorrigibles, peut-elle suffire pour faire cesser le désordre social et pour donner enfin au monde, avec l'ordre moral et matériel, la paix et la liberté?

Non, sans doute. L'arrêt irrévocable qui condamne les hommes et les choses du passé à l'impuissance n'ayant qu'une valeur négative et le monde ayant besoin pour vivre d'affirmations puissantes et fécondes, sous le triple aspect social, politique et religieux, il est indispensable que le vide que laissent après elles les négations révolutionnaires soit comblé, plus tôt que plus tard, par des croyances et des institutions indiquées par les aspirations, les connaissances et les nécessités dominantes du présent, toujours grosses, selon le mot ancien, des réalités de l'avenir. Aux sages donc d'arrêter *le flot montant des barbares* en donnant un libre cours au *flot montant de la civilisation*, lequel doit porter avec lui les éléments d'un ordre nouveau marqués du sceau de la foi, réconciliée enfin, selon la prévision et le vœu des vrais philosophes, avec la science et la raison.

Jamais les signes des temps n'ont apparu plus

éclatants et plus pressants; jamais le renouvellement d'un lien intime entre la question sociale et la question religieuse ne se fit mieux sentir; jamais la nécessité de la réconciliation, annoncée par les vrais philosophes [1], ne fut rendue plus urgente que par le flot montant de l'antagonisme frénétique qui règne aujourd'hui dans les sentiments, les idées et les intérêts. En effet, comme si la France n'était pas assez tourmentée par les grèves, après tant d'horribles secousses, voici un autre genre d'agitation que lui apportent les pèlerinages.

Oui, tandis que l'ouvrier, peu disposé, dans sa

1. Il est remarquable que l'on puisse compter parmi ces vrais philosophes l'éloquent catholique de Maistre et le savant protestant Strauss. — De Maistre, frappé, dès 1796, de la démoralisation universelle que produisait de plus en plus la disparition de la foi, disait, dans ses *Considérations sur la France*, que tout vrai philosophe doit opter entre ces deux hypothèses, ou qu'il va se former une nouvelle religion, ou que le christianisme sera rajeuni de quelque manière extraordinaire. Trente ans après, en 1824, Saint-Simon publiait le *Nouveau Christianisme*, qui était à la fois une nouvelle religion et un rajeunissement de l'ancienne. Quarante plus tard, en 1864, Strauss proclamait la nécessité de distinguer entre les parties durables et les parties transitoires du christianisme, entre les vérités et les simples opinions, l'essentiel et le contingent. « C'est par cette voie seulement, disait-il, qu'on peut espérer de voir l'unité se refaire dans le sein du *christianisme renouvelé*. »

misère, à se contenter des compensations célestes promises par la religion, se plaint de l'insuffisance du salaire traditionnel et réclame par des voies souvent nuisibles à sa cause une rémunération plus équitable du travail sur la terre, le pèlerin, de son côté, voulant attester son attachement au dogme traditionnel qui lui donne des espérances que le scepticisme lui enlève sans compensation aucune, se livre à des manifestations dont le caractère plus ou moins superstitieux est plus fait pour provoquer les progrès de l'incrédulité que pour les prévenir ou les restreindre.

Il est évident que nous touchons au moment où le désordre social, provoqué et perpétué par l'aberration et la turbulence respectives des réformistes révolutionnaires et des conservateurs fanatiques, doit produire un mouvement général de lassitude et de dégoût et un besoin commun de conciliation.

Quand tout le monde aura assez souffert de *l'affaiblissement général des principes moraux*, de *la divergence des opinions*, de *l'ébranlement des souverainetés qui manquent de base*, de *l'immensité de nos besoins* et de *l'inanité de nos moyens*, tout le monde, pressé et torturé entre le souvenir de catastrophes récentes et la menace de catastrophes prochaines, se sentira disposé à ne plus rire des utopistes qui auront pris au sérieux la pensée de de Maistre et de Saint-Simon sur la nécessité d'une religion nouvelle ou d'un rajeunissement du christianisme, pour sortir enfin de l'ornière sanglante des révolutions et des restaurations.

L'ouvrier ne poursuivra plus l'amélioration de son sort par la violence, par l'insurrection contre toute autorité divine ou humaine, quant on cessera de vouloir lui imposer la résignation à ses misères par la force, et au nom d'un Dieu qui aurait fait du travail un châtiment et de la pauvreté spirituelle et matérielle l'unique héritage des masses laborieuses, productrices des richesses et des jouissances sociales. Or, comme l'a dit Enfantin [1] après de Maistre, *le monde est prêt*

1. Lettre à un catholique, du 6 mai 1843, publiée en 1847, et qui sera réimprimée en entier dans un des prochains volumes de notre collection générale. Nous en détacherons ici cette phrase :

« Ceux qui, croyant comprendre le mot *religion*, se placent, avec leur religion, en dehors du monde, et ceux qui, maudissant le mot *religion*, le repoussent hors du monde, sont également aveuglés par des regrets ou par des craintes du *passé*, mais ne sont pas inspirés par *l'avenir ;* les uns rêvent généralement une autorité à jamais perdue ; les autres rêvent *pour cet événement immense dans l'ordre divin vers lequel nous marchons avec une vitesse accélérée qui doit frapper tous les observateurs.*

Le Membre délégué du Conseil institué par Enfantin pour la publication de ses œuvres,

LAURENT (de l'Ardèche).

une *indépendance* pour toujours impossible. Il faut faire la part de ce qu'il y a de légitime dans les souvenirs des uns et dans les espérances des autres. »

CORRESPONDANCE

INÉDITE

D'ENFANTIN

CCLXXIX[e] LETTRE

AU GÉNÉRAL SAINT-CYR NUGUES

Alger, 11 septembre 1840.

Mon cher Saint-Cyr, je n'ai eu ni le temps ni même la disposition convenable pour te faire, ces jours-ci, la copie de ma longue lettre à Blanqui ; elle ne renferme d'ailleurs que des idées que tu connais déjà sur l'Algérie ; la forme seule diffère, et je crois que tu lui donneras ton approbation, quand tu la connaîtras.

Aujourd'hui, je reçois une lettre d'Arlès qui t'intéressera sans doute, non seulement pour ce qui est relatif à moi, mais pour les *choses* dont elle parle ; c'est depuis cette lettre qu'Arlès aura reçu et remis à Blanqui ma lettre sur l'Algérie, que je lui disais de communiquer également au prince.

Voici cette lettre d'Arlès, en date du 2 septembre :

« Mon ami Porter, chef du bureau de statistique commerciale à Londres, homme de cœur encore plus que de chiffres, m'ayant écrit que, malgré le mauvais vouloir de lord Palmerston, le *cabinet* aurait décidé qu'il serait renvoyé à Paris, pour reprendre les négociations du traité de commerce, et que la seule chose en litige était la réduction du droit de sortie des soies de France, que M. Thiers affirmait ne pouvoir accorder, par crainte des fabricants de Lyon, je suis venu à Paris, autorisé par la chambre de commerce à déclarer à M. Thiers que, s'il la consultait sur la question, elle ne s'opposerait nullement à la réduction.

« Ce n'est pas Faucher qui m'a présenté à Auteuil ; j'ai trouvé plus convenable à mon *caractère* que ce fût Rivet. Malgré les beaux jardins, les gardes municipaux, le beau salon, le premier ministre ne m'en a pas imposé un moment ; je crois même que si notre entrevue s'était un peu prolongée, je serais devenu *grossier*, tant les assertions économiques de M. le Premier heurtaient mes opinions[1].

« Le Prince, lorsque je lui ai conté ma visite, m'a dit qu'il aurait pu me dire d'avance que la levée de l'obstacle vexerait Thiers.

« Avec le Prince, nous n'avons point ou presque point parlé des questions pacifiques, mais seulement des chances de guerre qui les ajournent toutes ; il m'a affirmé que le soufflet avait été préparé avant le retour de Thiers au ministère, et que c'était bien à la France qu'il avait été adressé et donné ; que nous le devions surtout à l'empereur de Russie, qui avait fait tout au monde pour rompre l'alliance anglaise,

1. Arlès ajoutait qu'au sortir de cette audience, son introducteur lui adressa une question qui prouverait qu'à cette époque M. Rivet était loin de se douter qu'il fût destiné à donner son nom, trente-deux ans plus tard, à une constitution qui aurait pour but d'affermir le premier ministre de la royauté de 1840 dans la possession du gouvernement de la France républicaine. Cette imprévoyance n'a rien qui étonne et démontre seulement combien il est téméraire de juger les hommes politiques sur les tâtonnements de leurs débuts. Ces hommes, quand ils sont doués d'une pénétration et d'une habileté exceptionnelle, n'ont du reste qu'à se féliciter eux-mêmes, à leur apogée, des progrès qui se sont opérés manifestement en eux par leur rare aptitude à saisir vivement et à mettre fermement à profit les leçons de l'expérience.

et qui ferait tout pour faire éclater la guerre, n'ayant absolument qu'à y gagner.

« J'avais cru jusqu'ici que le gouvernement avait pris la mouche mal à propos ; mais Porter d'une part, qui a vu de près les tripotages de Palmerston, et le duc de l'autre, m'ont convaincu qu'il y aurait folie à la France à ne pas armer activement.

« L'empereur de Russie et Méhémet-Ali tiennent seuls les destinées du monde dans leur cervelle, et l'un et l'autre, dans un sens différent, ont comme brûlot l'Angleterre, menée par un homme vendu.

« Le duc paraît certain que les États-Unis feraient respecter le droit des neutres à coups de canon.

« Comme, d'une part, le commerce anglais commence à s'inquiéter, et que d'une autre les Tories, qui veulent prendre la place de Palmerston, l'attaquent et lui préparent une vigoureuse opposition dans le prochain Parlement, ce ministre dit à M. Guizot, et *fait dire* que le blocus des ports de l'Égypte ne sera que militaire et non commercial, et que si la Russie fait acte de guerre, il s'alliera à la France. Mais qui peut croire aux paroles de cet homme, et comment ne pas trembler au contraire, que, craignant une explosion contre lui dans le Parlement, il ne presse sous main une collision ?

« En attendant, dit le duc, nous armons activement, convaincus que nous avons au moins *un* ennemi qui fera tout au monde pour se battre, parce qu'il a un besoin maladif d'activité, des armées prêtes, une grande ambition, une haine folle contre la Révolution de Juillet, et la certitude que, même vaincu, on ne lui peut rien.

« Vous voyez que nous sommes dans de beaux draps !

« Le duc, en me rendant votre dernière lettre sur l'organisation du travail colonial, m'a dit que c'était plein de génie, et je lui ai laissé celle sur la crise actuelle, question d'Orient, et celle du 22, qui répond à M. Delahante.

(Celle-ci est sur l'organisation des classes ouvrières en France.)

« Il m'a dit que nécessairement il faudrait aborder les grandes questions du travail, mais qu'en ce moment, on ne pouvait penser qu'à la défense ; que, du reste, je devais me rappeler qu'il m'avait prédit que notre forme de gouvernement nous ferait mettre au ban de l'Europe.

« M. Boismilon ayant témoigné le désir de me voir, j'y suis monté et nous avons causé longuement. Il m'a assuré que le Prince lisait vos lettres et leurs extraits avec le plus grand intérêt, et que vous rendriez certainement service en faisant le travail dont vous parlez sur l'Algérie. Il m'a demandé si le Prince pouvait garder les extraits ; j'ai dit que oui et qu'il était libre de faire même des extraits des lettres originales, pourvu qu'il me rendît lesdites lettres. M. Boismilon m'a avoué qu'il ne vous connaissait que pour le ridicule ou l'odieux jeté sur vous dans le temps par les journaux, et qu'il avait été surpris de la hauteur de vos vues et *surtout de leur sagesse pratique*. Vous jugez si j'ai fait de mon mieux pour accomplir ce changement d'opinion ; ce n'était d'ailleurs pas difficile avec un homme qui paraît bon, droit et capable. — Ainsi donc, paix ou guerre, travaillez au plan de l'organisation coloniale de l'Algérie, et faites de manière qu'un jour ou l'autre il puisse être publié tout d'une pièce[1].

1. Nous avons dit, au onzième volume des *Notices historiques*, placées en tête de cette collection, que la correspondance d'Enfantin, pendant son séjour en Algérie, reflétait à merveille le mouvement politique des esprits en France et

Dans tous les cas, ce ne sera pas du temps perdu. — Votre lettre à M. Delahante est admirable de clarté, et je regretterais bien qu'on me la perdît ; mais M. Boismilon me paraît un homme d'ordre. » A. D.

Adieu, mon vieil ami.

P. E.

CCLXXXE LETTRE

AU GÉNÉRAL SAINT-CYR NUGUES

Alger, 12 septembre 1840.

Je désire bien apprendre, mon cher Saint-Cyr, si tu as senti de la même manière que moi l'opportunité du projet égyptien, et si tu as jugé

en Europe, et nous avons publié à l'appui de cette appréciation les lettres qui nous ont paru les plus remarquables par la hardiesse et la profondeur des vues de notre maître. Ces lettres remplissent à peu près tout le volume que nous venons d'indiquer (aux années 1840 et 1841), ce qui nous dispense de les publier ici.

bon de faire quelque chose dans ce but ; malgré la sagesse des prévisions et des mesures dont me parle Arlès, j'ai si peu foi dans la possibilité d'une guerre que *les Anglais* ne désirent pas plus que la France, et qui ne saurait être du goût de l'Autriche, j'y crois si peu, qu'il me semble bon de faire ce qui, même dans l'hypothèse d'une guerre, serait encore de bonne politique, c'est-à-dire envoyer en Égypte un noyau d'hommes capables, ayant mission officielle scientifique, et mission politique en même temps. — Arlès ne me dit pas avoir fait usage de la copie de la lettre que je t'avais écrite le 13 août, et en effet, la tournure de la conversation ne l'y engageait pas, mais je serais bien étonné si, d'ici à fort peu de temps, ces préoccupations de défense, très-légitimes, ne s'affaiblissaient pas.

M. D..., dont il est question, est le receveur général de Lyon, ami d'Arlès, à qui celui-ci avait communiqué quelques-unes de mes lettres, et qui m'avait demandé des explications sur l'une d'elles où il était question des débats de la presse sur les livrets, les prud'hommes, et en général, l'organisation des classes ouvrières ; toutes questions que le Prince avait toujours agitées avec intérêt dans ses conversations avec

Arlès, et qui ont une si grande importance pour Lyon surtout ; ma réponse était donc faite de manière à aller aux deux adresses.

Tout à toi.

P. E.

CCLXXXI^E LETTRE

A ARLÈS

Alger, 12 septembre 1840.

Mon cher Arlès, j'ai lu avec un vif intérêt la brochure de M. Montmartin ; mais après l'avoir terminée, j'ai voulu la relire, en me figurant qu'elle était traduite en arabe, en turc ou en persan, en langue de pays d'Islam, et que moi-même j'étais Abd-el-Kader, Méhémet-Ali, un Wehabite ou un sectateur d'Ali ; j'ai frémi d'indignation, et il m'a semblé que des flots de sang chrétien ne laveraient pas cet injurieux oubli, ce méprisant dédain de l'orgueilleuse race européenne, des orgueilleux enfants de l'humble Christ.

J'ai songé aux ordonnances du 26 juillet 1830, et aux compositeurs d'imprimerie, qui le lendemain, culbutaient du trône les enfants de saint Louis, parce que ceux-ci n'avaient pas appris, depuis 89, ce que c'était que l'imprimerie.

Et je me suis demandé : Quand donc l'Europe connaîtra-t-elle l'Orient ; quand donc les lecteurs de l'Évangile liront-ils le Coran ?

Quand donc aurons-nous en Algérie, à Alexandrie, à Constantinople, une conduite digne du rôle de protecteur, d'éducateur, de civilisateur, auquel nous avons l'orgueil de prétendre ?

Certes ce ne sont pas, vous le savez, les grands résultats auxquels M. Montmartin arrive, que je désapprouve ; Suez et Panama ouverts au commerce universel, l'Asie-Mineure sillonnée de chemins de fer, de Constantinople à Bagdad ou à Ispahan, la Méditerranée couverte de navires de tout pavillon, je désire, je veux tout cela autant que qui que ce soit au monde ; mais *le moyen* d'arriver là ?

Et le choix du *moyen* est tout aujourd'hui,

car le but est senti et désiré nettement. Il y a longtemps que l'Angleterre désire le passage de Suez ; il y a longtemps que la Russie tend vers l'Inde aussi par sa route de terre ; pourquoi n'est-ce pas fait ? pourquoi n'a-t-on pas découvert un *moyen* d'exécution qui fût conforme à tous les intérêts, qui fît tomber tous les obstacles, toutes les oppositions ?

Certainement c'est déjà beaucoup, dans ce but, de chercher à concilier tous les intérêts *européens,* mais ce n'est pas tout ; c'est même bien peu de chose, si le moyen de *colonisation européenne* est un partage de la *conquête d'Orient.*

Aux temps de Rome, un pareil moyen aurait eu valeur réelle ; Rome et Carthage auraient pu vider ainsi un différend. Dix-huit siècles après Jésus-Christ, cela n'est plus possible, cela n'est pas digne de notre civilisation.

Entendons-nous entre nous Européens, pour savoir ce que nous voulons demander aux Orientaux de faire, dans un intérêt universel ; aidons-les à l'exécuter ; rien de mieux ; soyons certains que lorsque notre accord sera *unanime,* nous ne trouverons pas d'obstacle, et que le canal de Suez sera commencé demain si l'*Europe* le demande à Méhémet-Ali et l'aide de ses lumières. Soyons certains même que nous n'aurions pas en Algérie d'Abd-el-Kader, si la destruction de la piraterie avait été voulue et exécutée de *concert* par *toutes les nations européennes*. Ayons une volonté, que la chrétienté soit une dans sa politique, que notre diplomatie adopte un programme d'œuvres à faire, telles que celles que M. de Montmartin proclame comme universellement utiles, et je réponds que ces œuvres se feront, fût-ce en Chine, sans tirer un coup de canon, sans prendre un pouce de territoire, sans *conquête*.

L'unanimité européenne ! mais c'est chose impossible, dira-t-on ; pas du tout, puisque vous espérez l'obtenir, en donnant à chaque nation européenne une *souveraineté protectrice* sur une partie du monde oriental ; c'est ce moyen seul que je blâme, votre but est le même que le mien : unité de pensée et d'action de la politique européenne. Vous espérez, il est vrai, obtenir cette unité, par l'appât même de cette souveraineté que vous offrez à la convoitise européenne, et moi je prétends que vous vous trompez doublement : 1° en donnant à l'Europe une pâture qui n'est plus de ce temps ;

2° en disposant dans ce but d'une terre, d'un peuple qui ne se laisseront pas impunément traiter comme pâture et comme troupeau.

Songez-donc qu'un Musulman conçoit mieux encore qu'il puisse être conquis, enchaîné, tué par un chrétien que *protégé* par lui.

Songez aussi que l'Européen qui prétend *dominer* la terre d'Orient fait un rêve : là c'est le climat, c'est le soleil qui sera son maître ; l'Européen a la peau trop fine pour *protéger* le désert ; il fait pitié à l'Arabe, comme au forgeron un dandy qui voudrait frapper sur l'enclume. L'Européen en Orient, c'est rétablir l'esclavage. Voyez l'Inde.

Que l'Orient et l'Occident *s'unissent,* qu'ils se *visitent,* mais pour Dieu pas de *confusion!* Ne répétons pas toutes les folies des *envahisseurs* du passé ; heureuses folies sans doute, car Alexandre et César n'avaient *pas d'autre moyen* que l'épée pour faire communier les peuples, et ils n'ont su mêler leur sang qu'en le répandant ; mais nous qui avons déjà appris par le Christ, le plus grand de tous les envahisseurs, comment un Verbe civilisateur s'incarne, nous précisément qui ne sommes pas des musulmans, armés d'un livre et d'un sabre ; nous qui, même pour traverser notre petite mer et prendre quelques rayons de plus de soleil oriental, mourons à Alger comme des mouches ; nous enfin qui savons presque le peu que vaut ce grand mot ancien : Colonie, ne rêvons pas pour nos prolétaires impatients, *les terres fertiles de l'Asie, de l'Afrique et de l'Amérique* (p. 69) ; ne nous délivrons pas, comme crut le faire Rome, des difficultés de ce grand problème social, en envoyant périr au loin les Spartacus lyonnais. Dieu fit chaque terre pour une race, et l'économie politique dit, comme lui, à chacune d'elles : Croîs et multiplie ; mais elle ne lui dit pas plus qu'elle ne dit au chêne : Enfant du Nord, transporte-toi sous l'équateur. Il y a longtemps que Smith et Say ont réprouvé le vin fait en serre chaude. Visiter, voyager, commercer, voilà la vie des races entre elles ; coloniser, exception rare, pour laquelle l'économie politique future devra exiger une similitude de climat, de température, de conditions hygiéniques de tout genre ; ou bien qu'elle commandera, ainsi que la politique, et comme exceptions plus rares encore, lorsqu'une œuvre universelle nécessitera de grands événements et presque une mort certaine.

Et malgré tout ce que je vous dis là, le livre de M. Montmartin me paraît renfermer l'idée la plus large, la plus complète qui ait été émise dans ces temps-ci, non seulement sur la question d'Orient, mais sur la politique universelle ; je lui reprocherais presque l'excès sous ce rapport, parce que je suis convaincu que ce sera une raison pour que les praticiens politiques n'y attachent pas l'importance qu'elle mérite, et la traitent comme une utopie.

Tant que, pour résoudre la question d'Orient et d'Occident, je le dis comme M. de Montmartin, on ne la ramènera pas à une question *d'intérêt bien entendu*, mais j'ajoute de suite : pour l'Orient aussi bien que pour l'Occident ; tant qu'on cherchera ce que *nous* y gagnons, sans s'inquiéter de ce que l'*Orient* y gagne ; et d'un autre côté, tant que notre orgueil nous aveuglera au point de nous faire croire que les Orientaux ont tout à gagner à nous connaître, et que si nous allons à eux, c'est pour obéir à notre généreuse philanthropie qui veut *civiliser ces barbares*, on sera en dehors de la vérité ; M. de Montmartin me paraît suivre la première voie d'erreur, et l'opinion publique est généralement dans la seconde ; c'est vous dire que je ne nous crois pas encore près d'une heureuse solution.

Adieu, je vous embrasse.

P. E.

CCLXXXII[e] LETTRE

A ARLES

Alger, 16 septembre 1840.

Mon cher ami, votre bonne lettre du 2 me fait grand plaisir, mais votre départ du 6 dérange un peu mes calculs ; j'espère encore que vous aurez reçu le 6 au matin ma lettre pour Blanqui et que vous aurez pu le voir ; sinon vous aurez employé la correspondance, et il faudra bien s'en consoler.

Malgré l'excellence de votre lettre, elle me laisse à peu près dans le même embarras que je vous ai dépeint dans mes précédents courriers.

J'ai au bout de ma plume le développement

pratique de ma lettre à Blanqui; mais précisément parce que cela est *pratique*, *politique*, cela ne va plus à Blanqui, ni à son académie, malgré le nom de sciences morales et *politiques*.

Selon que je penserai que mon écrit irait au public, ou au prince, ou au ministre, l'encre qui tombera de ma plume formera des lettres différentes pour chacune de ces destinations; — et de même, ces trois formes seraient toutes trois encore différentes, si j'écrivais comme bourgeois et non comme membre de la commission; et de même qu'elles seraient encore toutes trois différentes si, par impossible, j'avais mission officielle pour traiter pareille question *politique*, comme Blanqui et moi avons eu mission et droit de traiter la question d'Algérie sous le rapport *économique, scientifique, moral* et *ethnographique*, etc. Je vous rabâche là ce que je vous ai dit dans mes deux lettres précédentes, et je crains bien que ce soit inutile pour le moment, puisque vous n'êtes plus à Paris, mais c'est pour qu'à un second voyage vous soyez bien prévenu.

En attendant, je vous serre la main. — P. E.

CCLXXXIII LETTRE

A ARLES

Alger, 19 septembre 1840.

Pas de lettre de vous aujourd'hui, cher Arlès, vous aurez sans doute manqué le courrier d'un jour; cela me contrarie, je commence à ne plus savoir si bien *attendre*, c'est un métier que je fais depuis si longtemps !

Ma lettre à M. Delahante et ma dernière me paraissent venir à temps pour la question du *travail*. Songez que voici la politique pratique saisie de nos deux grandes questions théoriques du globe : *ouvriers* et *Orient*. En huit à dix ans, nous arrivons.

Le discours de M. Pepin-Lehalleur, que je n'ai pu apprécier que par les critiques dont il est l'objet dans plusieurs journaux, me paraît important, comme expression de l'opinion de la partie éclairée du vieux commerce. — Les mouvements d'ouvriers, qui n'ont encore qu'un caractère parisien, ne vont pas tarder à se reproduire sur d'autres points ; vous savez que j'avais promis à M. Thiers, dès Lons-le-Saulnier ; il en aura sinon pour les gains, du moins pour le salaire, ce qui est la même chose ; or, vous allez voir comme la baïonnette de ce vainqueur de l'émeute va faire son jeu contre Spartacus, malgré la belle statue de Foyatier aux Tuileries, en face de la porte Royale.

D'un autre côté, M. Cousin promet la *liberté de l'enseignement* ; or, vous savez que ce qui a arrêté jusqu'ici le libéralisme dans cette voie, c'est toujours, même en 1840, la crainte de la concurrence du *parti prêtre* ; en donnant la liberté, M. Cousin va donc être entraîné à prendre des mesures *religieuses* et *morales*, pour rendre l'Université digne de se mesurer avec *l'Église* et *l'Evangile* ; c'est ici que j'attends Saint-Just et l'Être suprême, avec l'immortalité du *moi* et un petit catéchisme qui est déjà en portefeuille, j'en suis sûr.

Les baïonnettes de l'un et le catéchisme de l'autre ne sont ni un remède à la maladie, ni un excitant pour la santé, parce qu'ils ignorent l'un et l'autre où tout cela tend.

Dans ma dernière lettre, j'ai comparé les savants *physiciens* de l'empire aux savants *méta-*

physiciens d'aujourd'hui, les uns sortant de la Convention ou à peu près, les autres de la Chambre de 1830, qui a chassé Charles X, bien entendu avec le balai populaire, mais non avec la sainte guillotine. Si donc, sous l'empire, quelque rêveur, voyant l'avenir, avait découvert qu'à Chaptal ou Fourcroy succéderaient, en 1840, des *avocats psychologues*, il en aurait conclu, pour la Société de 1840, une forme de gouvernement de *parlementage mystique* ou de parlementarisme mystifiant, comme nous l'avons.

Un de ces rêveurs, Saint-Simon, disait sous la Restauration : « Nous voilà délivrés des militaires; mais, pour Dieu, prenons garde aux avocats ! » Les avocats de 89 ont préparé la révolution, les militaires l'ont *faite;* mais il n'y a pas que des révolutions à faire et la robe et l'épée ne sont pas toute la société ; ne fût-ce que pour essayer, mettons donc *l'industrie* en avant, et alors, son œil plongeant dans l'avenir, il nous montrait un roi *pacifique*, entouré, comme premiers *fonctionnaires* de l'État, des plus grands *industriels* du pays. Cela parut burlesque aux épauletiers et aux bavards, et même aux industriels qui ne se sentaient pas encore dignes de cet excès d'honneur.

Et pourtant, nous marchons vers cette époque; nous ne terminerons la grande lutte du *journalier* avec le *maître* qu'à cette condition ; nous n'organiserons le travail que lorsque les *organisateurs*, c'est-à-dire les gouverneurs seront des *travailleurs*.

L'homme qui saurait deviner quelles sont les fonctions humaines qui tendent à décroître et quelles sont celles qui sont en croissance, non-seulement aurait une excellente boussole de conduite politique, mais même de conduite privée ; c'est comme le négociant qui devine que telle marchandise sera recherchée, telle autre délaissée: celui-là fait sa fortune ; et en toutes choses, le génie n'est que cette divination.

Or, qui succédera à MM. Guizot, Broglie, Cousin, Rémusat, Mignet, Thiers, Jaubert, Passy, Duchâtel, Jouffroy, Dubois, tous anciens rédacteurs du journal *philosophique* et *littéraire* le *Globe*?

Là est toute la question de politique.

Ou ce sont des élèves de ces messieurs, marchant dans les mêmes voies, ou bien c'est une nature d'hommes différents, autrement élevés, autrement occupés, nourris d'autre chose que de philosophie , de littérature, de métaphysique, ontologie, psychologie, etc.

Mais il faut se décider prudemment et choisir, car il faut faire la société à leur image, comme nous étions façonnés sur le monde chrétien autrefois, comme nous étions même tous de *petits caporaux* sous Napoléon ; ou bien, au contraire, il faut aider la société à se dégager du linceul qu'en mourant, ces messieurs jettent sur elle.

La fonction humaine , évidemment en croissance depuis un demi-siècle, et surtout depuis vingt ans, est précisément celle qui, dans notre organisation sociale ancienne, était traitée comme mineure, qui était considérée comme *non noble*, qui faisait déroger, qui avait été le lot des esclaves, puis celui des juifs et des serfs, puis celui de quelques races particulières qui l'avaient presque anobli, comme les Vénitiens, les Lombards, quelques villes d'Allemagne ou de Hollande, puis enfin celui de l'immense majorité de ce tiers-état qui, en détruisant la noblesse, fit entrer sa fonction sociale en ligne gouvernementale; c'est l'industrie.

J'admets que parmi les philosophes régnants que j'ai nommés, il y en ait quelques-uns qui *sachent* assez bien ce que c'est que l'industrie, de même qu'il y en a plusieurs qui peuvent *parler* de guerre, d'une manière fort distinguée ; toujours est-il qu'il n'y en a pas un qui soit guerrier ou industriel ; l'épée et la navette ne vont pas à leur main, mais seulement la plume ; et de même qu'ils auraient été déplacés comme ministres et conseils de Napoléon, ils seraient déplacés comme ministres et conseils d'un roi ayant mission *industrielle*, comme Napoléon avait mission *militaire*.

Pourquoi les trois plus beaux noms de ministres, depuis près de trois siècles, sont-ils Sully, Colbert, Turgot?

Pourquoi aussi ces trois noms sont-ils synonymes de : *agriculture , manufacture, commerce?*

Ce n'est pas le hasard, c'est Dieu qui fait ces rapprochements et qui donne à l'humanité les enseignements, simples comme les commandements de la Bible.

Et pourquoi donc aussi cette *force* nouvelle à l'homme, force que Napoléon lui-même a méconnue et repoussée quand Fulton la lui offrait, force que nos savants ingénieurs n'ont presque pas pu encore trouver moyen d'appliquer à l'art de la guerre, et qui met en mouvement le mécanisme de la production?

Après la découverte de la poudre à canon, on a pu prévoir le système des guerres modernes ; après l'imprimerie, les prophètes ont pu prédire notre presse quotidienne ; après les machines à vapeur, qui ne voit les merveilles de l'industrie future? C'est elle qui a trouvé son arme aujourd'hui, comme les *hommes d'armes* et les *hommes de plume* avaient trouvé les leurs il y a trois à quatre siècles.

Après la poudre à canon, les armées soldées, les armes spéciales, les évolutions de masses, costumes réguliers, l'ordre, la discipline, tout cela est né.

Et après l'imprimerie, l'*esprit* de Dieu s'est promené sur toute la terre mille fois plus rapidement que son *Verbe* n'avait pu le faire.

Après la machine à vapeur, que se passera-t-il dans le monde?

Mais tout ceci est un peu poésie peut-être, revenons au positif.

Ce qui est positif, c'est que la population ouvrière fermente.

Ce qui est positif encore, c'est qu'il ne s'agit pas pour elle de la question métaphysique de liberté, mais d'une question très-physique de *règlement des bénéfices du travail*, du *salaire*.

Ce qui est encore très-positif, c'est que les brouillons politiques peuvent bien l'exciter et l'aider à remuer, mais qu'il y a au fond autre chose que cette excitation de révolutionnaires de profession.

Enfin, ce qui est malheureusement plus négatif encore que positif, c'est que cette masse n'a pas de *religion,* bien peu *d'instruction* et peu de *bien-être*; or, ce sont les trois principales conditions d'ordre, de moralité, de sociabilité, qui lui manquent.

A défaut de religion, je suis loin de dire qu'il faille lui parler de Dieu père, Fils et Saint-Esprit, ou de tout autre dogme *universel*, pas plus qu'à défaut de pain, je ne lui conseillerais de manger de la brioche. Je sais fort bien que ce n'est pas à un athée qu'il faut parler immédiatement de la vie éternelle pour lui faire prendre patience sur le présent, mais je sais aussi qu'il n'y a pas d'homme, quelque bas qu'il soit, moralement, physiquement ou intellectuellement, qui ne puisse être sauvé par un sentiment, une idée ou une nourriture appropriés à la faiblesse de son âme, de son esprit ou de son corps.

Notre peuple n'a pas de *religion*, mais il est susceptible de *passion ;* celle-ci mène à l'autre.

Il n'a pas *d'instruction*, mais enfin il *sait son état*, son métier.

Il est *pauvre*, mais partout il peut *gagner du pain.*

Je reprends ces trois idées en sens inverse, et je dis :

L'homme qui *gagne son pain*, qui *sait son état,* qui est *passionné*, est peuple aux yeux du peuple ; ce sont les trois vertus, qualités ou capacités qu'il reconnaît ou qu'il estime, parce qu'il les possède ; c'est là son critérium de justice, sa règle de conduite, son principe de religion.

Prouver au peuple qu'on sait ce que c'est que de *gagner son pain* et celui de ses enfants à la sueur de son front, qu'on estime celui qui *sait son état*, qu'on aime celui qui a *du cœur*, c'est gagner l'autorité sur lui par *droit de conquête.*

Et pourquoi donc craindre de le lui dire ? pourquoi donc ne pas employer envers lui cette langue que tout homme qui a conduit des soldats prodigue si souvent pour relever le courage et faire combattre jusqu'à la mort?

Ne le flattez pas du bout des lèvres, il sentirait trop bien le mensonge ; il s'y tromperait moins que le soldat ; il est plus fin, l'ouvrier.

Mais cette langue glorieuse du travail n'est pas faite, direz-vous ; je le sais bien, il faut la faire. Aujourd'hui, la gloire et la victoire, les lauriers et les guerriers sont des rimes faciles qui encombrent la bouche quand on parle à des soldats ; et si l'on veut parler à l'ouvrier, la bouche reste béante, ou du moins pas un son ne va à son âme. Le général qui harangue ses troupes, qu'a-t-il à dire ? un mot, un rien, car lui-même court au-devant des balles, en tête de sa colonne, et le panache blanc de Henri est sublime, il entraîne.

Mais pourtant Henri le Grand a découvert au fond de son âme un vœu qui fait bénir encore son nom par le prolétaire : la poule au pot.

Vous savez que je ne suis pas de ceux qui pensent que pour être bon général il soit absolument nécessaire d'avoir été soldat, et de même pour commander à des ouvriers, je crois très-inutile d'avoir été manœuvre ; mais pour commander à des soldats, il faut avoir le *cœur militaire* ; pour commander aux ouvriers, il faut avoir le *cœur industriel;* il faut que le soldat et l'ouvrier sentent que leurs passions sont dans votre âme, que vous êtes leur véritable représentant, que vous aimez et voulez ce qu'ils aiment et ce qu'ils veulent, que vous comprenez leurs besoins, leurs peines, leurs plaisirs, que vous songez à eux et confondez leur gloire avec la vôtre.

Oui, la langue est à faire, et je dirais même que c'est par les progrès que seront signalés nos progrès généraux vers l'ordre. Malgré la différence des choses, il en est de la langue industrielle ce qu'il en fut de la langue chrétienne, qui ne s'est pas faite en un jour ; lorsqu'un fait nouveau s'introduit dans le monde, lorsqu'une science se crée, ne faut-il pas le mot et la nomenclature qui expriment le fait et constituent la science ? Or, c'est un ordre social nouveau dont l'humanité est grosse, ce n'est plus le tiers qui, *s'affranchissant*, compose la langue de la *liberté*, c'est *l'industrie* qui, pour *s'organiser*, exige une parole nouvelle. Dieu dit : « Que la lumière soit. » Et la lumière fut ; que le verbe industriel se fasse entendre, et l'industrie sera, elle qui est encore dans le chaos !

Mais, bon Dieu ! quel malheureux verbe industriel j'entends lorsque j'écoute nos excellents bourgeois à pignon sur rue ! quelle parole maladroite que celle qui se répète comme un mot d'ordre dans tous les journaux des propriétaires, pour engager les ouvriers à rester tranquilles et à attendre patiemment des mois, des années, presque des siècles, eux *journaliers*, qu'on daigne s'occuper de leur sort! Quand donc les ouvriers comprendront-ils, dit-on, que ce n'est pas par les émeutes, le refus de travail, les coalitions, qu'ils parviendront à améliorer leur sort? — Ils le comprendront, morbleu! quand ils verront que vous vous occupez d'eux, que vous avez réellement envie d'améliorer leur sort, et que votre envie n'est pas oisive, étendue sur son oreiller doré. Votre position vous oblige à témoigner même plus d'envie, plus d'activité pour atteindre ce but que si vous étiez journaliers et non journalistes vous-mêmes; — les prolétaires ne peuvent-ils pas dire, au contraire, de leur côté: Jusqu'à quand les bourgeois croiront-ils qu'avec des baïonnettes et la prison ils parviendront à étouffer nos plaintes et nos réclamations? — Et d'ailleurs, ne savent-ils pas que, vous-mêmes bourgeois, vous tiers état, c'est par la révolte, la grande insulte, le bouleversement d'un autel, d'un trône, par une révolution, que vous avez forcé vos anciens maîtres à écouter vos remontrances et à subir votre vengeance? Plus éclairés que ne l'étaient la noblesse et le clergé, profitez donc de l'expérience et ne poussez pas le tiers état actuel à vous détrôner.

Voici dix années qu'après une révolution *politique*, nous annoncions, vrais prophètes, cet orage qui grandit, au loin encore il est vrai, mais qui, depuis, est arrivé noir sur notre tête. Alors qu'on ne songeait qu'au parti prêtre, aux carlistes, aux bonapartistes, aux républicains, nous disions en voyant ces prolétaires qui viennent d'essayer leur force en renversant un trône, nous disions : Voici les barbares! Et maintenant encore, lorsque des hommes supérieurs se laissent absorber par quelques bruits de guerre impossible, lorsque les yeux fixés sur Constantinople et sur Alexandrie ou Pétersbourg, ils oublient qu'ils ont à leur porte ce Spartacus installé aux Tuileries depuis 1830, lorsqu'ils croient s'en délivrer par quelques patrouilles civiques, je crie encore : Voilà les barbares!

La *guerre des esclaves* est recommencée; mais, grâce à Dieu, ce n'est plus d'un *affranchissement* qu'il s'agit; la liberté est conquise pour tous; c'est une *association*, une *organisation* que le prolétaire réclame.

Arago lui-même, le fameux citoyen, n'a-t-il pas dit que la réforme électorale n'était qu'un *moyen*, mais que le *but* était l'organisation du travail? MM. Laffitte, Carnot, Corcelles, Buchez, je les connais assez, et je sais bien que c'est là leur pensée. Mais ils y marcheront, vers ce but, *à tout prix*, tandis que c'est par le gouvernement seul qu'il pourrait être atteint sans désastres. Il n'y a pas à dire, il faut détrôner le comité directeur, ou l'on sera détrôné par lui; et on ne détrônera pas plus Arrago et Laffitte avec la prison et les baïonnettes qu'on n'a détrôné les vérités du carbonarisme, sous la Restauration, en fusillant Berton, les sergents de la Rochelle et les conspirateurs de l'Epingle noire, de Belfort et de Colmar. M. Guizot et M. Decaze le savent bien par une raison, M. Barthe, M. Mérilhou le savent par une autre.

Adieu, cher ami, adieu; je vous serre la main.

P. E.

CCLXXXIV^E LETTRE

A ARLÈS

Alger, 27 septembre 1840.

Ce qui vous a fait juger ma lettre à Blanqui trop modeste, c'est que vous ne connaissez pas le mémoire de Blanqui sur l'Algérie; c'est sans contredit l'écrit sur ce sujet qui a causé le plus d'impression. Or, c'est un morceau d'*artiste*, vu de très-haut, en aigle, et *raisonné* en *huître*. Il a aperçu des principes capitaux, et en a tiré des conséquences qui en sont la contradiction manifeste. Je ne vous en donnerai d'autres preuves que ces deux-ci, qui vous frapperont, après avoir connu de lui ce que vous en connaissez par ma lettre; c'est qu'il se borne à déplorer la prise de Constantine, disant qu'il ne sait à quoi elle peut nous être utile, et qu'il songe encore à coloniser la Mitidja.

Je devais tenir compte de l'*impression* produite par son ouvrage; j'aurais fait une bêtise si j'avais voulu faire adopter mes idées en *criti-*

quant les siennes (à l'Académie); et soyez certain que Blanqui ne s'y trompera pas, et ne me trouvera pas trop humble et trop modeste. Quant à ses illustres collègues, ma modestie envers leur confrère ne saurait les indisposer contre moi.

J'aurais peut-être dû vous prévenir d'avance de ceci, mais ce qui *n'est pas fait*, n'est pas fait. — Allah Kerim.

Vous allez peut-être dire que si ma modestie est une malice, il n'en faut pas; alors concluons qu'il ne faut pas que je m'adresse aux académies; ce sont fines mouches, auxquelles j'ai fait boire du vinaigre autrefois : je n'en ai pas pris une.

Blanqui dira certainement en lui-même : Il est difficile de me faire entendre plus galamment que je suis, comme en 1825, un petit garçon à côté de papa Doliban, et l'Académie dirait : Ah! diable! voilà le Père suprême qui s'adoucit, son sourcil ne fait plus trembler l'Olympe; c'est un bon homme, qui ne manque pas de sens. Je ne leur en demande pas davantage.

Je n'ai pas eu encore le temps de lire les journaux, mais je sens la paix dans l'air. J'espère ne pas me tromper.

Mais je sais les fortifications de Paris, et en y réfléchissant mieux qu'autrefois, je dis : *Bene.* — Il est évident que l'évolution industrielle ne peut se faire qu'avec *précaution*. C'est *contre* les émeutes que les fortifications sont conçues, à Lyon comme à Paris ; mais il faut qu'elles ne soient pas seulement négatives et qu'elles servent *pour* les ouvriers : il faut les considérer sous cette double face ; Louis-Philippe est frappé de la première, le duc d'Orléans doit songer à la seconde. — Le père laissera à son fils la machine avec *soupape de sûreté;* il n'y aura plus qu'à la faire fonctionner rondement.

Adieu encore une fois ; songez à la poste.

A vous.

P. E.

CCLXXXV^E LETTRE

A ARLÈS

Alger, 1er octobre 1840.

Je vous ai lâché ma mauvaise humeur un peu crûment l'autre jour, mon cher Arlès, et le fait est que cette erreur de poste me vexait pas mal, et me taquinait même beaucoup plus que notre désaccord sur ma lettre à Blanqui, qui ne me semblait presque lui-même qu'une conséquence du malentendu des courriers, parce que je comptais sur ma lettre postérieure à la dernière que vous aviez reçue, pour modifier votre opinion. J'ai réfléchi depuis que ma lettre du 12 n'avait pourtant pas pu faire grand'chose sur tout ceci, quoique je n'en aie pas copie, parce qu'il me semble qu'elle ne traitait que l'Orient (Montmartin) et les ouvriers, par suite de la disposition belliqueuse où il me paraissait que vous étiez tombé à Paris.

Il faut donc aujourd'hui que je prenne mon parti, au moins jusqu'au 17 courant, jour où je recevrai réponse à ma lettre du 27 septembre, si vous ne manquez pas le courrier (Comprenez-vous la malice?) C'est ce qui me fera tenir à ne partir pour Tunis que le 1er novembre.

Aujourd'hui, avant de recevoir vos lettres et le courrier de Paris, que j'aurai seulement demain ou après-demain, je veux causer avec vous d'un sujet que je n'ai fait qu'effleurer à la fin de ma derrière lettre : les fortifications de Paris.

Je vous disais qu'elles me paraissaient un instrument d'ordre, non pour *réprimer* les ouvriers seulement, mais pour *préparer* et *exécuter* avec sécurité l'évolution industrielle dont la France est grosse. Je les *comparais* à la *soupape de sûreté*, de même que je considère la garde nationale comme le *frein* de cette grande machine que j'appelle *ouvriers de Paris.*

Ce travail ne sera pas fort long, mais emploiera bien du monde, bien des bras, et précisément une grande partie de ceux qui sont à la disposition des émeutiers, dès que le *travail ne va plus*, comme on dit à Paris.

Il emploiera, en un mot, tout ce qu'il y a de plus *prolétaire* dans la capitale. N'y a-t-il pas à profiter de cette grande circonstance pour introduire dans cette masse quelques éléments d'ordre? C'est commencer l'industrie par la guerre, je le sais, mais dans la guerre est le venin, et d'ailleurs c'est *par la tête* que je voudrais agir *sur la queue*.

La plus grande partie de ces prolétaires *logent* déjà hors barrière ou sur la limite des faubourgs.

Ne peut-on pas *régulariser* ce logement.

Je ne parle pas du tout de les parquer ou caserner violemment, je parle de les *attirer volontairement* vers des lieux déterminés, doublement favorables à leurs *travaux* habituels et aux nécessités possibles d'une *défense*; car si jamais Paris se défend, c'est évidemment cette population surtout qui la défendra et donnera un vigoureux coup de main à l'armée.

Lorsqu'on a formé l'enceinte actuelle de Paris, dans un but d'*octroi*, on a su faire des bâtiments fort somptueux aux barrières, pour les *employés* de ce service public. Je ne verrais pas grand mal à ce que les balayeurs, boueurs, vidangeurs, chiffonniers, gravatiers, terrassiers, reçussent le don public d'un logement, non pas aussi somptueux, mais qui, pour dix fois plus, vingt fois plus d'*employés* que n'en a l'octroi, ne coûterait pas plus que n'ont coûté nos superbes barrières.

Il s'agirait donc de *villages* et non de palais, ni même de casernes. De villages d'*employés* du Gouvernement, car je ne parle ici que des ouvriers qui sont déjà ou qui peuvent être soumis à une discipline d'*Etat,* de la part du gouvernement qui les emploie.

En d'autres termes je dis : Pour commencer l'organisation de l'industrie, il faut que le Gouvernement donne l'exemple, en organisant d'abord les ouvriers qu'il solde, en leur imposant, moyennant la solde qu'il leur paye, une discipline de toute nature (je ne parle encore que de celle du *logement*) favorable à la société tout entière et à ces ouvriers eux-mêmes.

Les braillards de la liberté se récrieront, c'est évident (et c'est à cause de cela que fortifier Paris est une fort bonne chose), mais si, en définitive, les conditions sont telles que l'ouvrier accepte avec plaisir, et se trouve mieux de cette discipline que du désordre actuel, ses avocats prétendus perdront leur cause.

Je vous prie, pour tout ce que j'ai à vous dire ici, de ne pas vous préoccuper des idées que vous pourriez avoir sur l'organisation de l'industrie fabricante, commerciale ou agricole, et des difficultés que ces grands problèmes présentent; je le répète, je commence par la guerre, et c'est le bon commencement; et j'affirme même qu'une fois le mouvement donné par là, tout le corps industriel marcherait, se mettrait en route, parce que, je le répète aussi, ce serait, d'une part, le Gouvernement qui serait à l'avant-garde, et d'une autre part, un corps déjà organisé qui serait à l'arrière-garde; en deux mots, l'industrie serait prise, en tête et en queue, entre le Gouvernement et les chiffonniers.

Chaque *corps* doit être soumis à une discipline, à une règle, à une *loi* qui lui soit propre. Les filles publiques, par exemple, supportent aujourd'hui une loi que personne autre au monde ne supporterait. Or, l'industrie très-inférieure que le Gouvernement emploie, et dont il est question ici, peut également supporter, et c'est très-heureux, une discipline plus sévère, sous beaucoup de rapports, que celle qui conviendrait à des industries plus relevées; et j'ai nommé les filles publiques exprès, parce que j'ai en vue une portion de la population *mâle* qui est en grande partie correspondante, comme immoralité, à cette portion de la population femelle, et que c'est cette *populace*, cette écume qu'il s'agit d'écrémer pour la purifier, et pour pouvoir mieux purifier ensuite toute la matière industrielle.

En ce moment, précisément parce que cette écume surnage partout et se mêle à tout, il y a, pour ainsi dire, impossibilité, même avec la police la plus coûteuse, la plus nombreuse et en même temps, sous certains rapports, la plus démoralisante par nécessité, il y a impossibilité, dis-je, d'empêcher la corruption et la fermentation; et d'un autre côté, je dirai un peu comme les fourriéristes : Il y a pourtant dans cette écume (élément de ce que Fourrier appelait ses *hordes de salops*) des qualités, une valeur qui tournent au mal, tandis qu'elles pourraient tourner au bien, si elles étaient employées avec art, et surtout si l'on pouvait former un *corps* de ces *individualités* qui sont d'autant plus mauvaises qu'elles sont *isolées*, et d'autant meilleures qu'elles sont *réunies;* c'est certainement pour ces hommes surtout qu'il a été dit : Dieu se retire de l'homme *isolé*.

Or, pour songer à apporter de l'ordre dans cette masse anarchique, il ne faut pas de suite se proposer d'arriver à une perfection de société de saints; il faut bien se dire : 1° la plus grande partie des hommes dont il est question vivent en concubinage et plus mal encore; 2° ce sont eux qui vont habituellement peupler les bagnes; 3° leur seul plaisir aujourd'hui est le cabaret; 4° ils commettent à eux seuls, en un jour, à Paris, plus de crimes que tout le reste des Parisiens n'en commet en vingt ans; 5° enfin, c'est la classe la plus immorale, la plus ignare et la plus pauvre de la société.

Par conséquent, attendons-nous, s'ils viennent dans ces villages, que ces villages ne seront pas des couvents, et ressembleront même peut-être un peu aux lieux qui sont le contraire des couvents.

Je sais bien qu'au premier abord cette idée fait presque horreur. L'homme d'État se dit : Comment! je vais *organiser* une espèce de caverne de voleurs, bien plus, un lupanar! Et l'homme d'État ne songe pas, en poussant ses points d'exclamation, que toute sa police n'est pas autre chose qu'une *mauvaise* organisation des cavernes de voleurs et des lupanars.

Si je prétendais qu'il faut former ces villages *pour* qu'on y vole, etc., que c'est là le *but*, je concevrais l'horreur; mais je dis seulement : On y volera, etc., attendez-vous y, mais vous préviendrez, surveillerez et réprimerez mieux le vol, etc., là, que vous ne le faites dans votre Babel.

On dira encore : Mais c'est la réglementation du vice que vous voulez? Cela est vrai; je voudrais réglementer le vice, y compris l'émeute, de manière à en défendre la société *autant que possible*, bien certain d'avance qu'il faut faire la part du feu dans tout incendie, et que malgré toutes mes précautions, il y aura toujours des sinistres, tant qu'on se chauffera. J'insiste sur le vilain côté du tableau, parce que c'est toujours de là que partent toutes les objections aux meilleures choses, quoique chacun sente bien qu'il n'y a rien de *parfait* dans l'humanité.

Croyez-vous, par exemple, que ce serait peu de chose, même comme simple moyen de police, de pouvoir déterminer, par un appât quelconque, les vingt ou trente mille hommes que j'ai en vue, à porter un *costume* qui les ferait distinguer aussi bien qu'on distingue un soldat de tel ou tel régiment, avec convention d'être punis quand on les trouverait sous un autre habit?

Ils n'accepteront pas, direz-vous, cette livrée.

Eh! mon Dieu! les filles mettraient bien encore

la ceinture dorée et le numéro de leur rue sur leur bonnet, si vous vouliez; elles vont bien au dispensaire! Et vous croyez que des hommes que vous emploierez utilement, honorablement, se refuseraient de porter un costume qui, par lui-même, n'aurait rien que d'honorable, puisqu'il serait attaché à un service public? Je ne parle pas de donner un costume à un homme en tant que voleur, en tant que souteneur de filles; mais en tant que chiffonnier, balayeur, boueur, vidangeur, allumeur de quinquets, comme vous en avez presque déjà pour les forts de la halle et les charbonniers, qui sont presque les seules *corporations*, et qui, je le parie, présentent relativement moins de vices que les autres états où la *force du corps* est employée et où l'*esprit de corps* n'existe pas.

Vos *plaques*, c'est de la niaiserie, on ne les *voit* pas. Vos porteurs d'eau, vos commissionnaires de rue, pourquoi donc les encourager à vouloir paraître des milords le dimanche, et à revenir saoûls le lundi en habit noir?

Un costume, un costume, à la bonne heure! et je peux en parler, précisément parce qu'on a craché sur le mien, qu'on n'a pas compris. Un costume obligatoire, comme l'est celui du soldat, et qui nous fasse sortir de ce pêle-mêle de l'habit bourgeois qui nivelle tout, qui anarchise tout, qui tue l'art aussi bien que la sociabilité.

C'était le 6 juin 1832, vous le savez, qu'au bruit du canon de l'émeute et du tonnerre d'un bel orage, nous quittions cet habit bourgeois, à Ménilmontant ; et quelques mois plus tard, traduits en cour d'assises comme de dangereux révolutionnaires, j'expliquais ainsi aux jurés, qui ne m'ont pas compris puisqu'ils m'ont condamné, l'intention qui m'animait et le but que je voulais atteindre; je leur disais : Le jour où le sang coulait dans vos rues, où les partis s'égorgeaient sur vos places, le 6 juin, nous avons revêtu un costume qui nous signalant à tous *par notre nom même*, était un gage de la lumière que nous voulions répandre sur tous les actes de notre vie loyale et pacifique.

Il est clair qu'on *devait* nous condamner, parce qu'un pareil enseignement et une mesure politique semblable doivent partir du Gouvernement, pour avoir le caractère d'*ordre* qui leur convient; mais nous en sommes venus, grâce à Dieu, depuis huit années, au point où l'on s'accorde à dire et à reconnaître que généralement nos *intentions* étaient bonnes. Qu'on profite donc de celle-ci, car elle signale l'instrument le plus parfait d'une bonne et sage *police*, la première condition *extérieure de hiérarchie*, de classement, l'un des procédés *hygiéniques* les plus puissants, la base de tout *esprit de corps*, et enfin elle rendrait aux arts la couleur et la forme qu'ils cherchent vainement dans notre société sombre et plate, sale et haillonneuse.

Bien certainement les Brutus de la presse s'écrieront que c'est du mandarinisme chinois; mais quelle mesure d'*ordre* approuveront-ils jamais? D'ailleurs je ne parle pas encore de donner un costume à nos mandarins de la presse: je désirerais seulement qu'ils signassent tous leurs articles; plus tard on fera peut-être bien de leur imposer au moins le *bonnet* de leur couleur politique, bonnet rouge, bonnet blanc, bonnet bleu.

Sans plaisanterie, les amis de l'*ordre* qui ne songent pas ou qui répugnent au costume comme moyen d'*ordre*, sont comme les hommes qui voudraient une religion sans prêtre et sans culte; ce sont des rêveurs mystiques et non des hommes positifs. Malheureusement les hommes du *pouvoir* ont encore en eux une quantité considérable des préjugés et des erreurs des hommes de la *liberté*.

J'ai parlé du *logement* et du *costume ;* il semble qu'il me resterait à appliquer les mêmes idées à la *nourriture*, et pourtant je m'arrête, voici mes raisons. D'abord, il ne faut pas trop embrasser; ensuite, c'est ici, selon moi, dans l'ordre matériel, la limite qui sépare l'ordre de la liberté, la raison d'*Etat* des besoins de la *famille*, la surveillance *générale* d'hygiène publique de la consommation *individuelle;* et, enfin, en supposant même que l'État puisse un jour en venir à rationner ses *ouvriers* comme il rationne ses *soldats*, à cuisiner même pour eux comme il cuisine aux Invalides; c'est-à-dire avec l'économie que procurent les masses, je dirais aujourd'hui : Laissez faire, surveillez seulement, entretenez les marchés pourvus, et pourvus d'aliments sains.

Pour l'homme de peine, pour l'homme *matériel*, sa nourriture, ce qu'il consomme pour renouveler sa *force*, est la partie intime, intérieure, personnelle de sa vie ; c'est là qu'il veut surtout exercer son *indépendance* et sa *spontanéité;* la société lui doit, sous ce rapport, des soins *généraux*, mais non une loi *individuelle*. Songeons donc à ses cabarets, à ses guinguettes, à ses marchés, n'allons pas plus loin.

Mais ce n'est pas assez, direz-vous, d'exprimer cette pensée générale, qu'il serait d'une sage politique de revêtir de costumes spéciaux les classes inférieures ou du moins une partie des classes inférieures de la société; il faudrait encore indiquer les moyens légaux, constitutionnels, financiers à employer pour atteindre ce but.

Je suis bien convaincu pourtant que si M. le Préfet de police, M. le Préfet de Paris, M. le Ministre de l'intérieur, celui des travaux publics, avec le directeur des ponts et chaussées, étaient pénétrés de l'*idée générale*, s'ils voulaient atteindre le *but* en question, chacun dans son ressort, ils en trouveraient plus promptement et plus facilement que moi les moyens.

Lorsque je vois les garçons de la Banque, les facteurs de la poste, les postillons, les sergents de ville, les garçons de bureau de toutes les grandes administrations, les cochers d'omnibus et conducteurs de diligence, etc., en uniforme, lorsque je regarde l'octroi, la douane, les gardes forestiers, les tabacs, les droits réunis, les pompes funèbres, les guichetiers des prisons, les gardes d'hôpitaux, que sais-je déjà, mille *services*, sans compter l'armée, auxquels un costume est attaché, je suis bien sûr qu'il n'y a pas d'obstacle qui s'oppose à ce que 20 ou 30,000 hommes de plus, à Paris, portent un uniforme, et qu'il faut seulement pour cela que le gouvernement qui les emploie leur en fasse une condition.

Il n'y a donc que deux choses en question, savoir : Si tous les hommes que le gouvernement emploie ont un costume, et d'une autre part si ces hommes sont organisés en *service public*, car c'est certainement là l'objection qu'on fera.

On dira : Nous ne pouvons astreindre à un costume que les *services publics*.

Ceci est une erreur, selon moi, puisqu'il y a une foule d'industries privées qui sont astreintes à des conditions de police aussi vexantes que peut l'être le costume pour l'homme le plus indépendant; mais j'admets l'objection, pour aujourd'hui, je conviens qu'en 1840 le gouvernement ne peut se permettre d'imposer le costume qu'aux services publics, qu'à ceux qui sont soldés, surveillés, dirigés par lui, soit par ses propres agents, soit par des *entrepreneurs soumissionnaires.*

J'appuierai spécialement sur ces derniers mots soulignés, parce que c'est sous cette forme que subsistent en général les services dont je parle. Et par exemple, quand même l'éclairage, le pavage, le nettoyage, l'arrosage, etc., des rues de Paris se ferait par soumissionnaires, une des conditions de la soumission pourrait être le *costume* des éclaireurs, paveurs, arroseurs, nettoyeurs, etc. Et de plus, cette manière d'intervenir dans la police du personnel des grandes entreprises de travaux publics permettrait d'introduire peu à peu, dans plusieurs des branches-mères de l'industrie, une partie de l'ordre qu'elles réclament.

Ainsi, la masse des travaux commandés et exécutés par les ingénieurs ou architectes de l'État, mais qui sont donnés à l'*entreprise*, occupe une quantité considérable d'ouvriers dont une partie au moins pourrait être traitée ainsi ; ce serait, pour ainsi dire, la partie correspondante au *service ordinaire*, ce serait l'*armée régulière*, et cela ne coûterait pas immédiatement à la masse des cosaques de l'industrie.

La ville de Paris aurait son corps de terrassiers, par exemple, comme elle a ses balayeurs; elle aurait aussi ses compagnies de charpentiers, tailleurs de pierre, maçons, peintres, serruriers, toutes les branches dites du *bâtiment;* en un mot elle commencerait, par un noyau-modèle, l'*organisation* de l'industrie.

J'ai dit que les fortifications de Paris étaient une belle occasion pour entrer dans cette voie, et en effet on aura là un chantier plus vaste que tous ceux qu'on ait jamais vus, où il sera facile d'étudier et de préparer les éléments des institutions dont je parle et de les organiser progressivement, insensiblement.

Il ne faut que la volonté *d'en haut;* il faut que le gouvernement, il faut qu'un homme y mette sa gloire, c'est une contre-partie des travaux de Versailles, ceux-ci n'ont que le caractère de gloire industrielle qu'on recherchait autrefois et qui consiste dans la grandeur et la beauté de l'*œuvre;* aujourd'hui, pour notre XIXe siècle, pour l'avenir surtout, il y a une autre forme de gloire industrielle à ambitionner : c'est celle qui consiste dans l'amélioration de l'*ouvrier*.

Les fortifications de Paris sont une occasion superbe pour commencer à donner aux ponts et chaussées, qui n'ont été encore qu'un cadre d'officiers, une armée de sous-officiers et de soldats. Les ponts et chaussées, c'est le germe qu'il s'agit de développer, c'est en lui que se trouve la solution de la question qu'on a cherché à résoudre à rebours, quand on a voulu employer l'armée *aux* travaux publics, car c'est l'armée *des* travaux publics qu'il faut créer, et non pas employer à ces travaux des soldats et surtout des officiers qui ne peuvent avoir le *cœur à l'ouvrage*.

Là se trouve pour moi aussi l'heureux moment de la modification dont je vous ai si souvent parlé, de l'entourage des hommes haut placés, qui aiment et qui méritent la gloire. Aux aides de *camp* doivent venir se joindre les aides de *chantier* et d'*atelier*; à la guerre doit s'unir, au moins sur le pied d'égalité, l'industrie; et l'ordonnance des fortifications en est elle-même un signe, puisqu'elle livre le travail au génie *et* aux ponts et chaussées, quoique ce dernier corps joue naturellement le second rôle dans cette œuvre spécialement militaire.

En un mot, le Roi, les Princes n'auront pas auprès d'eux seulement des généraux, car il est impossible de songer à *organiser l'atelier pacifique,* tant qu'on est en habit de général, entouré de militaires, et presque dans un nuage de poudre.

Je m'aperçois que j'ai donné plus d'extension à la question du costume qu'à celle du logement, et voici pourquoi : c'est que l'une est plus *facile* à réaliser que l'autre, et en outre elle est plus *généralement* réalisable.

Il n'y a que quelques travaux spéciaux qui se prêtent à cette espèce de casernement de villages dont j'ai parlé, et il y en a même déjà en ce moment qui ont fait, pour ainsi dire, élection de domicile dans certains points de la banlieue de Paris ; ainsi l'équarissage de Montfaucon, les blanchisseurs de la Basse-Seine, les marchands de vin de Bercy et de la Râpée, les chantiers de bois, quelques villages où abondent spécialement les maçons et les tailleurs de pierre, sur l'une ou l'autre rive de la Seine, les teinturiers, brasseurs et tanneurs du quartier Mouffetard, les deux classes ou corporations des charpentiers, rive droite et rive gauche, les fabricants de meubles du faubourg Saint-Antoine, et tant d'autres exemples signalent cette affinité qui réunit sur les mêmes lieux un grand nombre d'individus de même profession. Certainement, cette affinité agit d'elle-même ; mais, quoi qu'en disent les économistes, tout homme politique comprend qu'elle peut être aidée par une *administration* éclairée qui peut la délivrer d'obstacles que l'intérêt *individuel* au contraire pourrait chercher à augmenter.

Je crois que, même au point de vue de *la défense,* il serait bon de porter régulièrement sur la ligne ce que je nommerais des forts détachés d'*ouvriers* à côté des forts de *soldats*; et si cela est juste comme *défense extérieure*, ce l'est encore bien plus comme *sécurité intérieure*, puisque cela mettrait une partie de la *force émeutière* presque sous la garde de la *force armée.*

Ce serait donc vers ces points doublement stratégiques que je voudrais voir réunir des bataillons pacifiques d'ouvriers.

Pourquoi n'y aurait-il pas, à côté du fort des maçons, le village des maçons; à côté du fort des terrassiers, le village ou camp des terrassiers, et je dirai même à côté du fort des boueurs, les écuries des boueurs et les hangars des vidangeurs. N'ayons pas peur d'honorer le travail, et, soyez-en sûr, ce dernier fort ne serait pas le plus mal défendu, en cas de guerre, et je me chargerais, si j'étais à la tête du *village voisin*, de le faire tenir aussi *proprement* qu'un village de Hollande.

Livrez-leur le terrain et les matériaux avec le plan de leurs baraques et villages, et je parie qu'avec leurs dimanches seuls ils auront achevé leur habitation avant la fin des travaux des fortifications : le terrain et la baraque resteront domaine de l'Etat, bien entendu.

Là, vous pourrez organiser : salles d'asile, école, caisse d'épargne ; secourir à domicile mille fois plus facilement que vous ne le pouvez dans le chaos parisien ; une même guinguette réunira le soldat du fort et l'ouvrier du camp ; et peut-être bientôt pourrez-vous songer à ce qui est si beau et si bon dans l'organisation militaire, pour en doter aussi l'ouvrier, à la retraite et aux nobles invalides.

Pour faire tout cela, que faut-il ? Du cœur, tout est prêt ; il faut aimer l'ouvrier, il n'est pas ingrat, il aime qui l'aime ; il faut l'aimer comme un brave aime le soldat, comme un artiste aime toute voix ou toute lumière d'Italie, il faut l'aimer parce que c'est beau, parce que c'est le bras du *Créateur* dans l'humanité.

Je sais tout ce que ces idées ont *en apparence* d'impraticable ; mais d'abord vous savez que je tiens beaucoup plus à communiquer le *sentiment* qui me les inspire, qu'à faire adopter les formes dont je revêts ce sentiment.

Je suis de ceux qui pensent qu'il faut être *au pouvoir*, pour bien apprécier et même découvrir ce qui est pratique, pourvu toutefois que le pouvoir ait le *sentiment* du besoin social. Or, je ne suis pas du tout *pouvoir*, tant s'en faut.

Adieu, cher ami, tout à vous.

P. E.

CCLXXXVI^E LETTRE

A ARLÈS

Alger, 11 octobre 1840.

Pendant que nous faisions de la théorie, mon cher Arlès, il paraît que le maréchal a voulu faire de la pratique ; il a rendu depuis quelques jours quatre arrêtés : l'un constitue le *cercle* de Philippeville, de même que ceux déjà formés de Bone, Lacale, Guelma ; les trois autres appellent des colons civils à Blidah et à Cherchell, et des colons militaires à Koléah. — Je crois que le premier arrêté seul est sérieux et praticable; les trois autres me paraissent trois os à ronger donnés au public, qui réclame qu'on fasse ici autre chose que la guerre. A Philippeville on décrète l'organisation d'un escadron de spahis et d'une compagnie de gendarmes indigènes, et celle de cinq compagnies de garde nationale; on donne au commandant supérieur de ce cercle (que l'on pousse à l'Est jusqu'aux limites du cercle de Bone et au Sud jusques et y compris El-Arouch) le gouvernement des tribus, présentation de cadis, muphtis, scheicks, perception de l'impôt; tout ceci est enlevé au kalifat du célèbre Ben Aïssa qui depuis longtemps aurait dû être dépouillé de sa fonction. Enfin on complète la substitution des officiers français aux indigènes pour le gouvernement du pays. Vous savez que je ne puis qu'approuver la chose. — Toutefois remarquez qu'ici l'on ne fait qu'œuvre gouvernementale de *défense* (garde nationale, spahis, gendarmes).

Dans la province d'Alger, au contraire, on veut à toute force faire de la *colonisation.* Aussi le jour même où le *Moniteur algérien* annonce que la diligence de Douéra a été attaquée, et où il amoindrit et dissimule tant qu'il peut ce triste événement, le même *Moniteur* offre les maisons et jardins de Blidah à trois cents familles européennes ; les maisons et jardins de Cherchell, à cent familles ; les maisons et terres de Koléah à deux cents soldats ayant achevé ou presque achevé leur temps de service, et qui consentiraient à rester encore trois ans sous le régime militaire. Il est évident qu'on peut tout au plus attirer ainsi des cantiniers, cabaretiers, cafetiers qui compteront pour vivre sur l'argent des troupes en garnison dans ces trois villes, mais qu'on n'obtiendra pas un seul colon, cultivateur sérieux. Il n'y a certainement pas de mal à attirer près de ces pauvres troupiers, enfermés dans ces villes, quelques *ménages* civils, chargés de les *distraire* de leur ennuyeuse prison, pourvu qu'on ne prenne pas cela pour de la colonisation.

Cette *pourvoyance* est sans doute le fait d'un général qui souffre de voir ses soldats s'ennuyer, et qui compatit aux peines du tourlourou qui ne peut facilement se procurer du tabac, un verre de vin et le *reste;* c'est une œuvre de bonne et paternelle administration militaire, je n'en disconviens pas; mais ce n'est pas œuvre de gouvernement colonial. Remarquez d'ailleurs que les considérants des deux arrêtés portent sur la double nécessité d'entretenir les *maisons* et les *jardins* de ces villes. Or, qu'est-ce que les maisons et jardins ajoutent de puissance alimentaire à notre possession d'Alger, pour l'aider à se suffire à elle-même en cas de guerre maritime? des oranges. Et cependant le but qu'il faut se proposer avant tout, pour la colonisation dans la province d'Alger, c'est d'avoir le grain, la viande et le vin indispensables pour la nourriture de la colonie militaire et civile de cette province. Planter trois cents familles civiles à Blidah, pour y cultiver des oranges, citrons, limons, c'est presque une dérision, quand les bœufs qui nous arrivent d'Europe, presque morts du voyage, achèvent de mourir au port d'Alger où ils n'ont pas d'herbe; quand notre grain, arrivant d'Odessa, est livré aux charançons dans des *magasins* au lieu d'être enfoui dans des silos; quand notre vin frelaté de Cette et de Marseille vient empoisonner nos soldats; c'est une dérision surtout, quand on pense qu'un mois de guerre maritime, peut-être moins, affamerait Alger.

Et remarquez qu'il y a un immense inconvénient à commander une œuvre coloniale, si ensuite elle ne se fait pas, ou si une fois faite elle ne réussit pas; c'est un dégoût de plus qu'on ajoute aux mille dégoûts dont l'Algérie nous a abreuvés. Or, les trois cents familles n'iront pas à Blidah; les cent familles s'établiront peut-être à Cherchell, parce que là au moins, on a la route de mer qui est libre, mais elles ne cultiveront rien, car on *ne peut pas* mettre le nez dehors de Cherchell sans se faire couper le nez avec le cou; et quant aux soldats pour Koléah, comme l'arrêté n'est accompagné d'aucun plan d'organisation de ces soldats travailleurs, et qu'on les astreint au service militaire, ils planteront quelques choux, poireaux et oignons pour améliorer leur soupe, voilà tout. — Quelles seront d'ailleurs les femmes de ces soldats-colons? Il n'en est pas question. Or, un *soldat, colon, célibataire,* ce sont trois mots qui jurent ensemble, deux à deux et trois à trois.

Ceci me rappelle que le général Bugeaud, qui est certainement l'homme qui a vu le mieux la portion de l'Algérie qu'il a vue, c'est-à-dire l'*ouest,* en proposant les colonies militaires, dont le projet renferme d'excellents germes *pour l'ouest,* disait : « *La chose difficile,* c'est de donner des femmes à nos soldats colons ; » et il ajoutait : « Il me semble que les maisons de repentir pourraient en fournir à ceux qui n'en trouveraient pas dans leur pays, où l'on pourrait les envoyer en congé pour en chercher... Les enfants trouvés pourraient aussi leur en fournir. » C'est en effet *la chose difficile* pour former des colonies militaires, et sans cette chose il n'y a pas de colonie à espérer.

Mais ici se représente l'observation que je vous faisais dans ma dernière lettre en vous parlant des villages d'ouvriers à former près de Paris : il ne faut pas avoir la prétention de créer en un jour une réunion de saints, avec des individus qui ne sont pas du tout des saints; et lorsqu'on songe aux désordres de tous genres auxquels se livrent nos célibataires soldats, il ne faut pas croire qu'il suffira de les faire colons pour en faire des époux modèles et vertueux. Il y a, au contraire, des milliards à parier contre un que, les premiers villages ainsi formés, avec des soldats et en Algérie, seront infiniment plus relâchés que le plus relâché des villages de France. — Ceci est grave, parce que ce qui empêchera le plus la réussite d'entreprises de ce genre, c'est la crainte de désordres, inévitables, il est vrai, mais beaucoup moins déplorables que ceux qui ont lieu en ce moment même, et qui sont commis par des individus qu'il est urgent, non de rendre *parfaits*, mais d'*améliorer*. Certainement la manière de vivre des colons européens en Amérique a dû paraître fort peu orthodoxe aux puritains de la morale chrétienne, surtout dans les premiers temps de l'établissement de ces colonies, où chaque colon avait son harem de négresses, que plusieurs ont encore. Un résultat analogue est inévitable aujourd'hui que les foudres chrétiennes ont moins de force, et surtout avec des soldats, sur qui elles sont complétement émoussées.

Je n'en dirais pas tout à fait autant s'il s'agissait de colons *civils*, puisqu'on pourrait n'appeler *que* des familles déjà formées et pour ainsi dire éprouvées; reste à savoir cependant si ce sont des familles sages, unies, tranquilles, vertueuses que l'on peut amener *les premières* dans une *aventure* telle que la colonisation de l'Algérie. Il faut ici des hommes audacieux, énergiques, volontaires, laborieux par élan plus que par goût continu, des hommes du Midi, semi-acclimatés par le soleil du Languedoc et de la Provence; des gaillards aimant le plaisir du *far niente* et pourtant susceptibles, par moments, d'une grande activité ; il faut, nous le voyons bien, des cœurs de *chasseurs* et de *zéphirs* pour résister, toujours joyeux, à l'Arabe, au soleil, à la pluie, à la misère, à la mort; et il ne nous faut pas (pour commencer du moins) de ces braves et lourds alsaciens qui tombaient comme des mouches à C.....-B..... Or, le chasseur et le zéphir comprennent peu le ménage, la famille, la propriété ; ce sont plutôt des payens que des chrétiens; des orientaux que des occidentaux; des Arabes que des Français; et voilà pourquoi ils sont le premier lien naturel de la France avec l'Afrique; lien militaire, c'est déjà prouvé; lien pacifique, j'en suis certain, ils en donneront la preuve quand on voudra.

Les condamnés, les disciplinaires, les zéphirs, les chasseurs, voici les premiers éléments à employer, sinon pour *constituer* notre colonie, au moins pour *préparer* son établissement, et c'est avec des individus qui leur ressemblent, qui sont de la même pâte qu'eux, qu'il faut *commencer*. Avant de vous parler du personnel de ces préparatifs coloniaux, et de la forme militaire et civile qu'on pourrait leur donner, examinons une question préjudicielle.

Les arrêtés du maréchal renferment une clause fort importante, celle relative à la *propriété* qu'il rend aliénable et transmissible par les concessionnaires après trois ans de possession, et avec certaines conditions d'entretien et de culture pendant ces trois années.

Cette question de *propriété* est très-délicate. La condition de trois années pour faire passer la propriété de l'état de propriété *publique* à celui de propriété *privée* me paraît en elle-même une limite trop courte, mais ce n'est pas sur ce cas particulier que je veux attirer votre attention, c'est sur la question générale de la *propriété coloniale* d'Algérie. Et pour vous faire vite sentir ma pensée, je dis que tant que l'Algérie sera, sous tous les rapports, aussi éloignée qu'elle l'est de notre civilisation *actuelle* de France, il sera absurde d'y instituer la propriété sur la base où elle est *actuellement* assise en France.

J'ai vu quelques personnes ici qui prétendaient que la colonisation n'était possible qu'en constituant la propriété sous la forme *féodale*; je crois qu'elles se trompent et qu'il ne s'agit pas de créer des fiefs en Algérie; mais elles s'approchent de la vérité par cela seul qu'elles déclarent notre propriété *individuelle* incompatible avec l'état actuel de la colonie, état dans lequel l'*individu* n'est et ne peut être qu'un infiniment petit et où l'autorité publique, le *Gouvernement*, est et doit être presque tout, pendant longtemps encore.

C'est cette erreur, cet anachronisme qui a été cause de toutes les ordures et de tous les malheurs que le brocantage des terres a produits dans l'Algérie. L'aliénation, la transmission de la propriété, abandonnées à la spéculation individuelle, c'est un non-sens dans un pays où, avant de songer à *spéculer*, il faut s'occuper de *produire*. C'est, avant tout, dans l'intérêt de la *production* que la terre doit être concédée, et pour cela une condition indispensable est qu'elle ne soit concédée qu'à un *producteur*, et ne passe pas dans les mains des brocanteurs, agioteurs, spéculateurs.

Il faut donc que la terre ait un caractère social, collectif, qui limite et empêche même les écarts de la spéculation individuelle.

Je lisais dernièrement dans M. Delamalle (*Économie politique des Romains*), que le *fundus* romain était une terre à limites fixes et indéviables, une ferme d'une étendue déterminée selon la nature des cultures, l'élément parcellaire du cadastre de Rome, et que ce *fundus* ne souffrait pas d'altération par des aliénations partielles ou des partages de succession, parce qu'il devenait, dans ces deux cas, une propriété collective, portant un nom propre qui ne variait pas selon les changements de possesseurs, et que ces ventes ou héritages se passaient pour ainsi dire dans une sphère étrangère au cultivateur-fermier et par conséquent à la culture.

Vous concevez que ces *fundus* ayant été déterminés à l'origine selon les besoins d'irrigation, de communication, d'assainissement, de culture, les villages devaient avoir une forme un peu plus raisonnable que celle des villages de nos jours, où la propriété semble divisée de la manière la moins convenable aux irrigations (procès des cours d'eau) aux communications (déplorable état des chemins vicinaux) à l'assainissement et à la culture par suite du découpage, enchevêtrage ou isolement des pièces de terre, des clôtures, des habitations.

Ici où tout est à créer à neuf, je crois donc que nous pourrions puiser, dans ce bel ordre du *fundus* romain, un enseignement applicable aux villages et fermes que nous devons établir, applicable physiquement et moralement aussi. — Nous avons de plus que les Romains une forme financière qui se prête même merveilleusement à garantir la *production* de toutes les folies de la spéculation, c'est-à-dire qui rend le producteur indépendant du capitaliste, je veux parler des sociétés par *actions*.

Que nos villages algériens soient donc placés et cadastrés en vue de la sécurité, de la salubrité et de la production; que les *fonds* soient limités selon les exigences des communications, des irrigations, des cultures; que ces fonds aient l'*étendue* et la *nature* de terres, prés, pâturages ou bois, reconnus les plus convenables pour la culture, selon la nature du pays; voici l'application physique de l'enseignement puisé dans le *fundus* romain.

Maintenant passons au moral.

Donnez à chaque régiment qui aura établi, posé les bases de ce village (je dirai tout à l'heure tout ce que j'entends par ce travail préalable du régiment), donnez-lui ce village, sous forme d'actions qui en représentent le titre de possession, une action par soldat, deux par caporal, et ainsi de suite selon les grades de la hiérarchie.

Que ce village porte le nom de ce régiment ou le nom d'un homme ou d'un lieu cher et glorieux pour son drapeau.

Le conseil d'administration sera chargé de veiller à cette propriété collective et individuelle, et en cas d'éloignement du régiment il nommera ses agents ou son agent.

C'est lui qui *affermera* et percevra le fermage.

Le *colon* sera *fermier* et ne sera pas *propriétaire*.

J'ai dit que j'allais expliquer ce que j'entends par le travail préparatoire du régiment ; le voici :

Outre le tracé général du village, des rues et chemins, la pose des limites des fonds, l'aide de tout genre donné aux ingénieurs et arpenteurs chargés de ce travail scientifique d'établissement, le régiment fera, avec les matériaux que l'État lui donnera, les monuments publics, fontaines, mairie, école, église, et tout ceci à mesure que la colonie se développera.

Mais encore, pour faciliter l'appel des fermiers (colons), il défrichera autour de chaque emplacement destiné à une ferme (fundus), une portion de terre nécessaire pour le *jardin* du fermier.

Je réponds qu'il n'y a pas de régiment qui,

attaché à pareille œuvre, n'appelle pas plus vite de braves et bons fermiers, que toutes les sociétés imaginables (à commencer par la société chrétienne avec ses millions), ne pourraient le faire ; il n'y aurait pas un soldat qui ne se fît une fête d'en écrire dans son village, et d'attirer son frère, son cousin ou son ami sur la terre dont il aurait une *action* dans sa poche.

Vendre la terre d'Afrique, ce n'est pas digne du gouvernement de la France ; qu'il la donne à ceux qui l'ont déjà si largement payée de leurs fatigues, de leur misère, et qui l'arrosent de leur sang ; c'est l'obole de Bélisaire, vainqueur aussi de l'Afrique ; c'est une dette.

Et remarquez qu'avec le soldat vous pouvez lui faire même une obligation de ne pas trafiquer de son action avant une époque déterminée, celle où un certain nombre de fermes seraient en culture.

Et donnez vingt actions au drapeau, afin que chaque année, lorsque les fermes rendront bien, il tombe de ce drapeau du beurre dans les épinards et des pommes de terre dans la marmite.

Malheureusement je crois qu'il n'y a que le général Bugeaud capable de sentir et de mettre à exécution ou du moins de commencer pareille œuvre. Je dis malheureusement, parce que la presse a rendu fort difficile le choix de ce général, comme gouverneur de l'Algérie, et que je ne lui suppose pas assez d'élévation pour prendre seulement le gouvernement de la province de Constantine; pour y commencer enfin la colonisation. Le poste serait superbe, beaucoup plus beau et plus intéressant, et même plus glorieux que le poste d'Oran et même que celui d'Alger; mais l'*apparence* n'y serait pas, et il y a bien peu d'hommes capables de la sacrifier à la réalité, même quand il la croient trompeuse.

Mais comment parler de tout cela, lorsqu'on m'annonce à l'instant que nous avons eu deux cents blessés et cinquante morts, ces jours-ci, près de Milianah, et que la garnison de cette ville est réduite à moitié par la mortalité des maladies. C'est désolant et il y a vraiment de quoi s'écrier : Quittons tout! ou bien changeons complétement de système.

Quitter l'Algérie, c'est impossible; revenons donc à la colonisation.

Le colonel Marengo avait proposé aussi de faire préparer les villages et les fermes par les troupes, et spécialement par les condamnés militaires, et ensuite de laisser la concession des fermes à tous les départements de France, dans chaque village, qui serait ainsi composé de 86 fermes, de sorte que chaque département enverrait, pour chaque village, une famille avec son matériel de culture et d'établissement. L'idée est ingénieuse, mais peut-être y aurait-il inconvénient à faire de chaque village une ferme en miniature, ayant des représentants du Nord et du Midi, des montagnes et des plaines, de l'intérieur et des côtes, enfin une réunion d'éléments trop disparates; mais si les Bouches-du-Rhône, le Var, l'Hérault, l'Aude et les Pyrénées-Orientales étaient appelés à former cinq villages, ou à peupler cinq cercles de la province de Constantine, peut-être l'idée serait-elle bonne et praticable, et pourrait-elle marcher de front avec les établissements *militaires* dont je viens de parler précédemment, en profitant, pour eux aussi, du *fundus* romain.

Mais je reviens à mes villages militaires. Il est évident que cette idée ramène à celle d'une armée *spéciale* d'Afrique, ou du moins à l'augmentation des corps spéciaux déjà formés; c'est qu'en effet il est indispensable de résoudre d'une manière plus nette et plus complète cette question des corps spéciaux, qui est unanimement approuvée et désirée par tous ceux qui connaissent l'Afrique et qui savent qu'un régiment comme le 4e ou le 17e léger ayant passé quatre ans en Afrique, vaut généralement davantage qne deux régiments venant de France ; aussi le maréchal les garde-t-il, quoiqu'ils aient achevé leur temps. Toutefois je m'abstiens ici d'entrer dans ce sujet, qui m'éloignerait de mon but, et j'en parle seulement pour mémoire.

J'ai dit que le gouvernement ne devrait pas vendre la terre d'Afrique, et j'entends d'ici les budgétistes jeter les hauts cris. Mais d'abord la vente pure et simple du terrain nu ne produirait rien, puisqu'il n'y aurait pas d'acheteurs, et s'il s'agit de vendre après tous les travaux de préparation, il est assez naturel qu'alors le produit de la vente paye ces travaux préparatoires. Mais il y a là une question plus haute qu'une question de budget ; les majorats de Napoléon, ses dotations sur le Mont-de-Milan, ses promesses même à la Grande Armée étaient des actes *politiques* et non économiques, ainsi que la dotation de la Légion d'honneur.

Vraiment je suis confondu d'admiration, quand je songe à l'horrible vie sans compensation, sans attrait, sans excitant moral ou d'intérêt, à laquelle se soumet notre pauvre soldat français en Algérie. Je conçois un peu mieux la chose pour les officiers, et encore pour quelques-uns, mais le soldat! C'est que tous rentrent en France dégoûtés et malades ; c'est qu'aucun d'eux ne se sent attaché à notre terre d'Afrique que par ses misères, ses souffrances, ou par ce qu'il y a d'affreux dans les souvenirs des soldats, c'est-à-dire des têtes coupées, des villages et moissons incendiées, de la *destruction*. Comment alors ne pas songer à les attacher par la *production* à cette terre que nous avons pourtant la prétention de fertiliser, de coloniser ? Pourquoi les laisser étrangers à cette partie de notre tâche africaine, la seule qui nous fasse supporter réellement à nous, France, les longues douleurs de notre enfantement colonial ?

Examinons d'ailleurs les objections que pourrait rencontrer ce projet.

Tous les officiers, sous-officiers et soldats, et le régiment lui-même par son drapeau, sont possesseurs d'actions déposées au Conseil d'administration, et qui ne deviennent disponibles qu'au fur et à mesure du développement du village.

— C'est donc une Société *commerciale*, dira-t-on, que vous organisez dans un *régiment* ?

Je n'en disconviens pas, c'est une Société anonyme sous la surveillance du gouvernement, et j'ajoute que c'est la seule dont l'administration et le personnel des actionnaires aient le sens commun ; car l'administration est conforme à la hiérarchie des actionnaires, et les administrateurs sont ceux qui administrent la vie tout entière des actionnaires, ce qui ne se voit dans aucune société anonyme.

— Voici donc, dira-t-on encore, des officiers, des soldats *spéculateurs.*

- Le mot n'est pas juste ; ils sont seulement *propriétaires*, comme plusieurs d'entre eux le sont déjà du petit héritage patrimonial ou du fruit de leurs économies, et, au contraire, c'est avec une pareille association que vous évitez le plus la spéculation, qui serait inévitable avec toute autre association de capitalistes *civils*, parce que cette association militaire est celle où les traditions d'honneur, de loyauté sont le plus vivantes, et où l'ordre est le plus facile à maintenir.

— Mais quand les actions seront négociées, car elles peuvent l'être, et ainsi le seront un jour, le *civil* sera introduit là-dedans et alors la *spéculation* viendra déshonorer le régiment ?

Pas du tout, puisque l'administration de la Société est, par ses statuts, confiée au Conseil d'administration du régiment, quand bien même aucun soldat ne posséderait plus d'actions, et dans le cas où il n'y aurait plus que les vingt, ou cinquante, ou cent actions d'*honneur* du drapeau. Les actions se vendront, se négocieront, mais ce n'est pas là ce qui est le mal de la spéculation, et jamais, au contraire, on n'aura vu d'association qui présente plus de garanties pour qu'on ne puisse pas *jouer* sur les actions, parce que jamais administration n'aura été plus simple, plus claire, plus publique et aussi honorable.

— Mais enfin, si le village ne réussit pas après avoir donné des espérances, les actions baisseront après avoir haussé; il y aura donc possibilité d'*agioter* ?

En effet, il y aurait des chances de hausse et de baisse, d'espoir et de crainte, mais ce sont des espérances et des craintes qu'il est très-bon d'implanter au cœur des soldats français qui viennent en Algérie, car aujourd'hui ils n'ont que la crainte d'y rester et l'espoir de la quitter, ce qui est très-peu encourageant pour les colons civils qui voient cela, et aussi très-pénible pour les soldats même, qui n'y gagnent que la nostalgie sous toutes les formes ; et d'ailleurs, ces oscillations du crédit de la colonie, de la plus ou moins grande confiance dans ses succès, seront d'autant moins l'occasion d'un jeu, d'un agiotage, que les propriétaires de la terre d'Afrique en seront les *fondateurs*, les *défenseurs*, les vrais *patrons*. Les agioteurs sont ces indifférents au *sol*, qui ne le considèrent que comme un tapis vert pour jouer aux dés. Enfin, je le dis en un seul mot : on ne jouera pas, parce que le gouvernement *ne voudra pas* qu'on joue, et que les seules réunions d'hommes où sa volonté soit écoutée, sont les réunions *militaires*.

Une autre objection, qui semble plus forte au premier abord, est celle-ci :

— Un moment viendra où il pourra être nécessaire de déplacer entièrement le siége des régiments ou bataillons fondateurs, et alors que devient l'administration, la perception d'impôts, etc. ?

D'abord, je ne vois pas trop pourquoi nos corps *spéciaux* n'auraient pas un *dépôt* fixe comme ils le sont en général en France pour nos régiments ; que si, malgré cela, il y avait nécessité absolue de déplacer ce dépôt, cela donnerait lieu, soit à une délégation faite à un ou plusieurs agents présentés à la nomination du Gouvernement par le Conseil d'administration, soit à une liquidation faite par le Gouvernement lui-même entre le corps qui s'en irait et celui qui le remplacerait, ou simplement entre le corps fondateur et l'État, si une raison quelconque de politique engageait à annuler cette association; il n'y a pas d'acte de société qui ne prévoie et ne règle le cas de liquidation. Mais je le répète encore, je ne vois pas pourquoi, sauf des exceptions excessivement rares, les *dépôts* des corps d'Afrique ne seraient pas fixes, et j'ajoute que c'est, selon moi, une des causes les plus importantes de bonnes relations avec les indigènes, et de bonne administration des points coloniaux, et enfin qu'une *ville-dépôt*, fondée par un régiment, est le moyen de faire trouver au soldat d'Afrique une seconde patrie, une seconde France en Algérie.

Après avoir repoussé ces objections, il est bon aussi de faire ressortir les avantages.

Je ne reviendrai pas sur ceux qui résulteraient, sous le rapport de la *production*, d'un cadastre et d'une délimitation des fonds aussi simple et aussi raisonnable que l'étaient ces moyens d'ordre et de recensement chez les Romains; mais j'ai besoin de mettre encore plus en lumière la position qui est faite au colon, au cultivateur, par ce mode de *propriété.*

Que le village soit fondé par des régiments et donné en propriété à ces régiments, ou bien qu'il soit concédé à une *société* de capitalistes telle que la Société chrétienne ou autre, il y a dans les deux cas un semblable résultat ; savoir : des colons *cultivateurs* et des colons (civils ou militaires) *propriétaires.*

Or, c'est précisément ce résultat auquel je veux arriver qui paraîtra d'abord un obstacle radical à la colonisation, et qui en est, selon moi, la condition indispensable.

Je dis : Faites au *cultivateur* de longs baux, jusqu'à l'emphytéose si vous voulez, mais ne lui concédez pas la *propriété aliénable et transmissible* du sol, et réservez-vous l'annulation du bail, non-seulement pour défaut d'entretien et de culture, mais même pour délits ou crimes prévus, qui auraient pour pénalité l'expulsion de la colonie.

Et, d'un autre côté, faites que le *propriétaire* ne puisse en aucune façon couper, déranger, gâter le *fonds*, par des aliénations ou partages, par son intervention individuelle dans la culture; rendez le travailleur et la terre indépendants de ses fantaisies; n'établissez entre eux qu'un lien indirect, par l'intermédiaire d'une administration ayant intérêt *général*, surveillant la culture et percevant le fermage, chargée de veiller à l'entretien des routes, canaux, édifices publics et privés, et au maintien des limites cadastrales.

A cela on me répondra que si le colon n'est pas *propriétaire* (ce qui veut dire chez nous avoir le droit d'user et d'abuser, d'aliéner et de transmettre, en tout ou partie) on n'aura pas de colons. C'est une erreur grossière; car de quelque manière qu'on s'y prenne pour la colonie, on aura toujours des *propriétaires ne cultivant pas*, comme l'ont été tous les gros colons d'Alger, MM. de Vinsard, Saint-Grulhem, etc., et des *cultivateurs ne possédant pas*, comme le seraient tous les colons de la Société chrétienne.

Et d'ailleurs, est-ce que j'empêche le colon cultivateur d'acheter des actions? Dieu m'en garde! et réciproquement, est-ce que j'empêche des propriétaires d'actions de se faire colons, et de soumissionner une ferme si bon leur semble? pas le moins du monde. Ce que je veux empêcher ici, c'est l'*abus* de la propriété individuelle, et non pas son légitime *usage*.

Le colon cultivateur aura donc un long bail, et la faculté de consacrer ses économies à l'achat d'actions, s'il n'aime mieux les employer toutes à bonifier sa ferme ou à doter ses enfants. C'est tout ce qu'il faut, c'est tout ce que vous demandera l'homme qui sera disposé à venir en Afrique et qui sera capable d'y réussir ; qu'il gagne de l'argent dans sa ferme, il n'en demande pas davantage, pourvu, je le répète, qu'il ait un long bail et une administration paternelle qui lui garantisse de n'être pas dépossédé, chassé, remplacé arbitrairement, injustement. Or, il n'y a pas un officier dans l'armée qui redoute pour lui pareille chose, et le fermier est précisément un officier agricole dans le projet que je propose.

Mais les corps d'Afrique chargés d'une pareille œuvre prendront un caractère tout particulièr, tout différent de celui des régiments de France, et alors sans doute ils prendront le caractère *colonial*, comme la garde nationale a le caractère de milice *citoyenne*, comme l'armée d'Abd-el-Kader a un caractère *barbare*, comme les hommes d'armes du moyen âge avaient le caractère *féodal;* ils seront en harmonie avec le milieu où ils se trouvent, avec la fonction qu'ils doivent y remplir; ils aimeront la colonisation et y seront intéressés, tandis qu'aujourd'hui ils n'ont que des motifs pour détester l'Afrique et soupirer après la France.

Je reviens à la forme de la *propriété;* il est évident que dans un pays où les nécessités de la *défense* sont et seront encore pour longtemps en première ligne, ce serait se créer à plaisir des difficultés insolubles que de donner à la *propriété* une forme qui pourrait contrarier, ralentir, paralyser la défense; sous ce rapport donc, et indépendamment des avantages qui résultent, pour la *production*, d'un système *général* et *fixe* d'irrigations, de communications, d'assainissement, de culture et d'habitations, la colonie ne peut que gagner à cette forme collective, générale, sociale de la propriété, sous le rapport de la *sécurité* générale et individuelle.

Le général Bugeaud a présenté le plan d'un village fortifié, et même celui des habitations, dans lesquels il y a d'excellentes choses. Si, sur les limites des terres en culture, une ceinture de quelques blockhaus et vedettes ou même de points importants fortifiés, servait d'habitation au régiment ou bataillon fondateur, protecteur et *propriétaire*, je crois que le plan serait complet. Ce serait le *château* féodal sur la hauteur, protégeant la *commune*.

J'ai omis de dire qu'à la fin des baux la *plus-value* des terres, résultant de la bonne culture du fermier et des améliorations de tout genre par lui faites, lui serait assurée ; cela va sans dire.

Et maintenant, quelle sera la partie du fermage qui sera affectée à l'*impôt?*

Le Gouvernement jugera, dans sa sagesse, quelle retenue il doit faire sur le revenu des actions; il est clair que cette retenue pourra et devra être progressivement plus forte, à mesure que le village se développera et prospérera, afin d'encourager d'abord ses premiers succès, et ensuite de participer, comme les propriétaires des actions eux-mêmes, aux progrès de la Société; mais il sera bien que cette proportion de l'*impôt* ou *revenu* soit fixée, dès l'abord, d'une manière invariable pour un assez long espace de temps, à 1/6e ou 1/8e ou même 1/10e. Ce n'est ni par la *vente des terres*, ni par l'*impôt territorial* qu'un gouvernement doit chercher à tirer parti et peut en effet tirer parti d'une colonie, à son origine; de même que ce n'est pas non plus par des *douanes;* mais cette dernière considération est ici étrangère.

En relisant ce que je viens d'écrire, je m'aperçois que la préoccupation contre laquelle il est le plus nécessaire de se tenir en garde en réfléchissant à ce projet, c'est celle qui consisterait à le juger comme si tout cela devait se faire : 1° en France, et non dans un pays où tout est à créer; 2° par des régiments français, et non par des corps spéciaux d'Afrique; 3° au milieu d'un peuple policé, civilisé, et non à côté de tribus arabes, musulmanes, hostiles ou prêtes à l'être. — De même qu'il y aura ici nécessairement, chez les Européens qui coloniseront, une distinction successive du costume, du logement, de la nourriture; il doit y avoir modification des formes et des procédés militaires et agricoles, modification du droit et de l'usage de la propriété, modification des mœurs et de la législation. Vouloir faire ici ce qui se fait en France, ne pas vouloir faire ici ce qui ne se ferait pas en France, est le double principe d'action, le double mobile de conduite le plus absurde qu'il soit possible d'imaginer : nous en avons des preuves bien affligeantes.

Les nouvelles que je reçois de Constantine

sont assez mauvaises ; l'édifice de notre tranquillité sans base s'ébranle; un avenir assez prochain de dissolution sur presque tous les points semble s'annoncer; il est inévitable, si l'on n'adopte pas très-promptement pour cette province un système autre que celui de l'atermoiement, du *far niente* du gouvernement expectant, il faut là un homme d'*action;* je le répète. Il faut là le général Bugeaud, en rapport *direct* avec le ministère, et la pairie au général Galbois ; alors j'espère que les colonels des 22e, 31e et 61e trouveront une belle et honorable position en *France*, et qu'on donnera au général gouverneur de cette province des seconds capables d'agir, désireux d'agir, aimant la tâche qui leur sera confiée, enfin tout différents de ce que sont le colonel du 31e, le colonel Lev... et le colonel Jos...

Mais comment faire ? Le général Bugeaud lui-même, qui était colonel en 1814, doit être bien près de la soixantaine, tous les colonels de France sont près de 50 ans, et il faudrait ici des hommes, c'est-à-dire des chefs de 25 à 35 ans au plus, sauf des exceptions rares, pour le *conseil* mais non pour l'*action*. Quand donc sortirons-nous du gérontisme, quand donc l'*ancien-*

neté cédera-t-elle le pas, soit à l'*élection par en haut* qu'on appelle le *choix,* soit à l'*élection par en bas*, qui nous talonne de tous côtés, et qui nous envahira brutalement, si on ne lui fait pas partout sa part légitime ?

Ceci nous mènerait trop loin, beaucoup plus loin que l'Algérie.

Adieu donc, cher ami, il faut avoir le cœur drôlement fait, comme nous l'avons vous et moi, pour conserver espoir et conviction au milieu du gâchis où le monde se trouve.

Tout à vous.

P. E.

CCLXXXVII[e] LETTRE

A ARLÈS

Alger, 11 octobre 1840.

Mon cher Arlès,

Aujourd'hui je vous ai envoyé une longue lettre, continuation de celles sur l'Algérie. Je la crois bonne à communiquer et comme matériaux du travail complet que j'aurais plus tard à faire sur le grave sujet de la colonisation, si je dois plus tard faire un *Ouvrage*, chose encore et toujours douteuse pour moi. Je recommande à Holstein mes copies, et lui demande de m'envoyer la note des dates des lettres qu'il a copiées afin que je sache celles qui lui manquent et si moi-même j'en ai gardé copie.

Il paraît que voici la guerre commencée contre le pacha, j'espère que cela n'ira pas plus loin, et même que cela est déjà fini. Les affaires d'Espagne sont presque aussi graves. Tout ceci rapproche d'une solution dans laquelle la *crainte* sera, de toutes parts, une grande inspiratrice qui contrebalancera l'inspiration des passions haineuses et désordonnées ; mais ceci ne détermine qu'un équilibre d'oscillations (1), et non

1. Cet *équilibre d'oscillation* est toujours un point d'arrêt dans *la marche en avant*. Il perpétue, aujourd'hui encore, après 40 ans de solutions toujours prétendues définitives et toujours affreusement avortées. il perpétue ce que le chef de la France républicaine appelait si justement, il y a trois mois, *le triste et humiliant voyage de l'anarchie au despotisme et du despotisme à l'anarchie*.

Pour mettre fin à ce dangereux balancement et conjurer par là le fléau alternatif des révolutions et des restaurations, Enfantin, tout en gardant la plénitude de sa pensée sur l'avenir, se complut un jour à imaginer comme moyen d'apaisement des luttes du présent et d'acheminement pacifique au

une marche en avant ; il faut pour celle-ci un *espoir d'avenir* qui a bien de la peine à naître et à mûrir dans les âmes de nos jours, et qui n'apparaîtra qu'à l'occasion de quelque grave événement dont je ne saurais prévoir la forme, mais qui est inévitable. — Cet événement peut sortir de leur apathie de grandes volontés qui sommeillent, enveloppées dans le grand manteau du passé, le catholicisme, et dans les langes étroits où l'avenir est garotté et que nous appelons le Saint-Simonisme, c'est-à-dire dans les

règne final de la liberté et de la justice, la conversion du représentant du droit divin se faisant l'organe suprême des aspirations populaires et le fondateur d'un ordre nouveau.

C'était trop compter sur quelque caprice du génie en faveur d'un prétendant dont le langage et l'attitude n'avaient jamais fait espérer un pareil miracle. Aussi, prévoyant bien que son ami pourrait considérer son idée comme un *rêve*, Enfantin s'appliqua-t-il à répondre d'avance dans la même lettre, au reproche qu'il pressentait, en précisant le sens et la portée de son *imagination*. Il était bien certain, en effet, que l'appréciation accidentelle d'une situation transitoire, dans un coin du monde, ne faisait pas dévier le disciple de Saint-Simon de son idée générale sur la marche progressive de l'humanité, et qu'il restait toujours convaincu, comme son maître, que le mouvement oscillatoire, toujours gros de révolutions, ne cesserait que par la découverte et l'établissement d'un lien religieux, conciliable avec la science, selon la prévision et l'espoir exprimé par de Maistre lui même dans ses *Considérations sur la France*.

deux vêtements que 1830 a répudiés ou condamnés, et auxquels justice est encore due. Ce que représente Henri V existe partout en Europe et vient décidément de se liguer contre la révolution de Juillet, comme ce qui représente notre avenir s'est au contraire rapproché de lui dans son représentant, membre de la Commission scientifique. La dernière lutte entre le passé et l'avenir, qui doit se terminer par une conciliation, s'approche donc.

Supprimez toutes ces considérations qui nous sont tout à fait personnelles et intimes, mais réfléchissez et faites réfléchir à ce que je vais vous dire.

Il faut qu'Henri V fasse un noble coup de tête.

Il faut l'y aider, le lui inspirer.

Il faut qu'il se montre Français, fils de France.

Il faut qu'il dise hautement s'il est avec la Russie et l'Angleterre, ou avec nous.

Il faut *qu'il n'y ait plus un seul légitimiste qui ait une excuse pour rester dans son château,* regardant passer tranquillement notre siècle.

Voilà ce que j'espérais de Lamartine à Vienne ; voilà ce que je rêvais pour moi quand je voulais y aller, et voilà encore ce que je rêverais pour Lamartine et pour moi, si une troisième personne le *voulait.*

Le fils de Napoléon n'a pas senti et ne pouvait sentir ce qu'il devait faire en 1830, et le neveu n'a fait que des folies ; mais il y a longtemps, vous le savez, que j'ai écrit que Dieu n'avait pas encore dit son dernier mot sur la manière dont un vieux droit finit pour qu'un nouveau droit commence ; Henri V ne doit ni mourir comme le Roi de Rome, ni faire les sottises de sa mère et celles de Louis Bonaparte. Nous avons autrefois, dans le *Globe*, mis en présence les trois princes ; l'un des trois est mort, mais les deux autres restent ; le passé en aurait appelé au duel, à l'assassinat, au poison ; de nos jours, il faut une transaction noble, loyale, pacifique.

Et quelle plus belle occasion que la situation actuelle de la France, seule contre tous les souverains puissants de l'Europe ! N'est-ce pas le moment de se donner la main en amis, en frères ?

Et ne dites pas que ce n'est qu'un rêve ! ceux qui rêvent sont ceux qui croient à un retour impossible d'Henri V sur le trône, par droit d'héritage divin, ou ceux qui croient que pour terminer cette lutte entre le *droit* et le *fait*, il suffit que le droit meure de sa belle mort.

Non sans doute il ne reviendra ni par droit de conquête ni par droit de naissance ; mais il ne suffit pas qu'il y ait impossibilité de revenir, il faut prévenir toute *tentative* et détruire tout *espoir;* il faut souffler sur ces paralytiques auxquels nos libéraux prétendent refuser toute valeur et toute puissance, et qui, en effet, se tiennent en dehors du mouvement social ou le contrarient, mais qui s'appellent encore l'*église* et le *château*, base et sommet de la société ancienne ; il faut les faire rentrer dans la voie humaine dont ils s'éloignent avec mépris et fierté, et qui sans eux, en effet, n'est qu'une route de traverse boueuse et pleine de gâchis ; il faut qu'ils viennent à notre *communion* puisque nous ne voulons plus de la leur ; il faut qu'ils nous aident pour l'*ordre*, car nous ne manquons pas d'aides pour la *liberté*.

C'est parce qu'on serait trop heureux d'une pareille transaction qu'on est porté à la considérer comme un rêve. Mais pourquoi donc croire que la réalité soit seulement le malheur? N'y a-t-il pas eu dans l'humanité, de tout temps, de grandes circonstances heureuses, et ne sont-ce pas les hommes qui les ont prévues et préparées, qui ont été benis comme des bienfaiteurs ? N'est-ce pas déjà beaucoup, dans une crise sociale importante, de n'avoir, pour y parer, qu'un seul homme, un seul à convaincre ?

Réfléchissez donc à ceci ; voyez sous quelle forme vous pouvez tirer parti de l'idée ; la chose est délicate et ne se prête qu'à la parole ; et la parole, pour les choses délicates, ne doit s'employer qu'avec une pleine et impérieuse conviction.

Adieu à vous.

P. E.

CCLXXXVIIIe LETTRE

A ARLÈS

Alger, 17 octobre 1840.

Mon cher Arlès, j'ai vos deux lettres des 8 et 10 octobre, avec un mot de Thérèse qui m'annonce n'avoir pas communiqué votre lettre du 8 à Saint-Cyr. J'ai de plus une lettre tout amicale de Blanqui du 6 octobre ; il aura dû savoir vite que le ministre m'a renvoyé sa lettre, et il me promet, en cas d'opposition, de n'en pas faire usage.

Aujourd'hui que vous avez envoyé la lettre à Blanqui, bornez-vous à en adresser une copie à Saint-Cyr ; je crois que cela suffit. — Saint-Cyr va aller sans doute à Paris pour les Chambres, vous l'y verrez, et là vous pourrez vous entendre sur des démarches vers un même but, quoique d'avance je puisse vous assurer que vous ne viserez pas de la même manière.

Je n'ai rien reçu de Quinet. Ses jérémiades de prophète *français* ne m'étonneront pas ; la France sent autant le cadavre que le lait d'enfant. Il faudra bien; d'ailleurs, qu'elle ait sa part de la destinée de tous les prophètes, l'humiliation, sa croix ; mais sur les prophètes, il n'est pas plus décent de *pleurer* qu'il n'est décent de *rire ;* c'est avec des chants calmes et solennels qu'on célèbre leur vie ; Jérémie chantait comme devait chanter le prophète *d'un peuple*, et non comme doit chanter un prophète de *l'humanité*. Qui donnera de l'eau à ma tête, et à mes yeux une fontaine de larmes, disait le fils d'Hélias, et il pleurait nuit et jour les enfants de la fille de *son* peuple, et il voulait fuir ce peuple d'adultères et de violateurs de la loi, le fuir au désert, jeter de grands cris sur les montagnes... et il MAUDISSAIT. — Qui voudra *pleurer* devra *maudire;* sans cela ses larmes tomberont froides; mais qui maudit aujourd'hui n'est pas prophète, c'est un poëte des anciens jours qui ne sait rien de l'avenir; c'est un prophète du passé, comme Ballanche dit de De Maistre; c'est un *regretteur*.

Blanqui me dit que M. Thiers *a donné carte blanche à O. Barrot et à lui, pour former une grande compagnie de colonisation qui recevrait le plus ferme appui du gouvernement,* et il me demande mon avis sur ce projet qui se prépare d'après la promesse de M. Thiers, et il ajoute : Mais qui peut promettre aujourd'hui pour un mois ? — Quand vous le verrez à Paris vous pourrez lui faire *lire* quelques-unes de mes lettres sur ce sujet, si d'ici-là je ne reçois pas par vous, du prince, une invitation formelle d'en faire œuvre qui me soit tout à fait propre, et si vous-même vous n'éprouvez pas répugnance à faire cadeau des idées que peuvent renfermer mes lettres à la compagnie Barrot-Blanqui, sous le patronage de Thiers. Peut-être trouverez-vous bien de leur donner une espèce de publicité en les adressant à MM. les chefs de cette société qui s'appelle chrétienne, avec demande d'accusé de réception. Vous verrez en touchant l'homme, qui du reste est un peu léger, mais a d'excellentes qualités.

Voici donc quatre-vingts ans passés depuis la naissance de Saint-Simon, et quinze depuis sa mort, et celui qui l'a le plus continué est membre de la commission scientifique d'Algérie ; c'est drôle. Et pourtant il est généralement reçu aujourd'hui que Saint-Simon et Fourrier étaient deux fameux gaillards, c'est toujours ça ; mais vraiment je ne me soucie pas qu'on ne dise cela de moi que l'an 1876, c'est-à-dire quatre-vingts ans après ma naissance, et pourtant j'ai mes 44 ans, ne vous en déplaise, ce qui est un fort joli numéro à la loterie de la vie ; il y a donc presse. Eh bien alors je m'en vais à Constantine, apprendre la langue *chaouia*, c'est joli le chaouia, ça peut me mener à comprendre les Tuarecks, les Chelloux et même les *Foulahs* ; mais si je les *plantais-là* tous ces sauvages, ça commence à m'embêter ; je ne suis pas précisément *chauvin*, mais il y a du branle à Paris, et le chaouia perd considérablement de ses charmes quand l'Europe se met en danse. J'ai vu hier soir une danse de nègres ; je vous assure que ce n'est séduisant ni par la musique, ni par les entrechats, ni par l'odeur. L'autre jour j'en ai vu une autre, de filles publiques juives et mauresques, et je me suis dit : Comment ! il faudra que ce soit moi qui raconte comment toutes ces gotons chahutent !! Je sais bien que Bory-Saint-Vincent m'en évitera la peine, et réclamera cet honneur et ce plaisir, et en effet c'est sa partie plus que la mienne, parce qu'il y est tout entier de cœur, tandis que je n'y suis que par état ; mais c'est égal, c'est encore drôle : Saint-Paul travaillait de ses mains, mais au moins sa tête et son cœur allaient où bon leur semblait.

Si Blanqui me faisait appeler à Paris pour donner à la société *chrétienne* mon avis *saint-simonien* sur la colonisation ? Qu'en dites-vous ? c'est peut-être ça, alors mes connaissances chaouia feraient merveille, et je pourrais danser un pas de nègre ou de mauresque devant la société *chrétienne* protégée par M. Thiers.

A propos de M. Thiers, je pense qu'il a encore plus envie de la guerre que tous les journalistes réunis, et comme les légitimistes, les républicains et napoléoniens ne demandent pas mieux non plus, il sera curieux de voir comment *le Parlementaire* va se tirer de là. Heureusement, pendant notre parlage et nos préparatifs, les affaires doivent marcher en Orient ; Russes, Anglais, Autrichiens et Turcs, vont être bientôt en présence d'Ibrahim, et quand la chose sera faite là-bas, on sera très-aimable avec la France ; on serait capable de lui donner Luxembourg !! D'un autre côté, le mouvement imprimé en ce moment à notre machine politique est tellement faux qu'il y aura inévitablement quelque rouage intérieur cassé.

J'ai lu trois articles de Lamartine dans la *Presse* et ne vous en dirai rien.

Si l'on ne vous dit pas : N'avez-vous plus rien à nous communiquer? vous chercherez une autre voie, dites-vous. Ce serait le cas de croire au : *Cherchez et vous trouverez* ; et j'ajouterais cherchez vite pour trouver vite. Mais je crois que nous sommes dans un cercle vicieux.

Je vous ai dit que Duguet m'avait violé ; j'en dis autant de Saint-Cyr, et je suis convaincu que j'en dirai autant de vous, avec cette différence qu'il y a progrès. Duguet a commis *le crime* à six cents lieues, sans rien dire, en sournois, en m'envoyant mon fruit imprimé ; Saint-Cyr m'a fait membre de la commission, en ne me demandant que d'accepter la chose faite ; et vous, séduisant ami, c'est moi qui vous dis presque : Violez-moi. — Expliquons-nous.

M..... vous dit en douceur de mettre quelque chose sur son je ne sais quoi dans le *Courrier de Lyon* ; vous me dites également, en douceur de post-scriptum, de parler de votre lettre sur l'organisation du travail, et moi je vous dis que vous avez de quoi remplir votre presse chérie, à laquelle vous voulez que je fasse la cour, des mille charmes que je possède et que vous connaissez.

En d'autres termes, ce n'est pas moi qui dois parler au public de moi. Quand Lamartine, ou Rivet, ou Quinet, ou M. Jayr, ou Brosset, ou M. Delahante en parleront, à la bonne heure! Quand Blanqui s'y mettra, ou M...., M.... lui-même, ne fût-ce que pour dire que N. le féconde comme je le fécondais, à la bonne heure! Quand le prince ou M. Boismilon vous diront: Faites donc imprimer cela, monsieur Arlès ; à la bonne heure encore!

Vous ne m'avez pas encore dit si vous aviez reçu les brimborions d'Alger que je vous ai envoyés ; vous devez avoir cette caisse depuis bien longtemps : de mon côté, je n'ai pas encore de nouvelles de votre envoi du 6 octobre.

Depuis deux jours j'ai lu les journaux jusqu'au 10, et je trouve que la partie que Thiers joue contre Guizot et Louis-Philippe devient assez délicate. MM. Molé et Lamartine, le journal la *Presse* et les *Débats*, vont avoir fort à faire après l'ouverture des Chambres ; mais tout cela est encore le vieux combat que nous connaissons ; c'est toujours le Roi règne et Thiers voudrait gouverner ; cela ne dit pas ce que doit faire celui qui gouvernera, Roi ou Thiers ; cela ne met pas au jour une seule idée nouvelle de gouvernement. C'est qu'en effet ce n'est pas de l'apparition d'une *idée* que la politique actuelle est grosse, l'idée roule déjà dans le monde ; c'est un événement, un *fait* qui va naître, comme 1830 a été un *fait* préparé par l'idée de *haine du passé* qui roulait à travers la Restauration. De même aujourd'hui il y a un *fait*, préparé pour l'idée de *recherche d'avenir*, qui va surgir ; depuis 1830 c'est cette *aspiration vers l'avenir* qui a caractérisé le mouvement intime, profond, réel et non apparent et officiel de la Société ; c'est ce désir de *neuf*, et non la haine du *vieux* qui va éclater ; si le duc d'Orléans ne monte pas à l'assaut, s'il ne prouve pas que lui aussi est *de ce temps* et qu'il a le sentiment du *neuf*, encore une dynastie de noyée.

Nous marchons vers un règne de *jeunesse*, il arrivera *forcément* ou par cession volontaire; voilà 25 ans que nous vivons sous le gouvernement des pères et grands-pères des hommes qui ont eux-mêmes 25 ans aujourd'hui et surtout sous l'empire des principes politiques de ces pères et grands-pères; ils n'ont su que *restaurer* ou *démolir* du passé, et la génération actuelle a besoin de *fonder*, de *construire* un édifice nouveau. Elle a besoin même de discuter le plan de cet édifice, de lutter contre ou pour tel ou tel *avenir*, d'agir pour ou contre *lui*, mais enfin d'agir en vue de *lui*.

Je le répète si le duc d'Orléans n'est pas à la brèche, s'il *attend* qu'on lui donne une armée à commander, si comme prince, comme pair, comme *citoyen*, il ne se montre pas tel qu'il s'est montré comme soldat, s'il n'est que général, ILS SONT PERDUS.

Adieu, cher ami, je vous le dis encore une fois, l'Afrique est lourde quand la France se trouve dans une tempête comme celle-ci.

Adieu, à vous.

P. E.

CCLXXXIX[e] LETTRE

A ARLÈS

Alger, 26 octobre 1840.

Il est cruel d'être en Afrique, cher ami, quand la France se trouve dans une tempête comme celle-ci. Les courriers deviennent en ce moment d'un intérêt si vif, que mon départ d'Alger m'en paraît moins agréable encore; il me faudra maintenant trois semaines, un mois, avant d'avoir des nouvelles de ces grandes affaires, qui occupent en ce moment le monde, et qui ont placé la France dans la position la plus critique où elle se soit trouvée depuis 1791 : seule en Europe et désunie dans son intérieur !

Le memorandum de M. Thiers m'a paru une réponse fort habile à celui de lord Palmerston, mais habile comme un plaidoyer où l'avocat n'a d'autre but que de mettre son adverseire dans son tort, sans faire attention si, pour atteindre ce but, il ne gâte pas sa partie vis-à-vis d'autres adversaires, intéressés au même débat. En rappelant publiquement à l'Angleterre que la politique franco-anglaise, depuis dix ans, a eu pour but unique d'*empêcher* la Russie de marcher vers Constantinople; en mettant au grand jour la proposition faite par l'Angleterre, dans ce but, de s'emparer des Dardanelles, on réfute bien la prétention au *statu quo* de l'empire ottoman, et de plus, on tend à indisposer la Russie contre l'Angleterre; mais que fait-on pour la France? Dans un memorandum semblable à l'Autriche ou à la Russie, M. Thiers ne serait-il pas obligé aussi de rappeler publiquement, que toutes nos relations diplomatiques avec ces deux cabinets ont pour but d'*empêcher* également l'Angleterre de marcher vers la Syrie et Alexandrie? Ainsi donc, dans un grand débat des trois plus grandes puissances de l'Europe, voici la France qui, après avoir pris l'Algérie au sultan, se pose comme un empêchement à deux tendances russe et anglaise, tendances que l'histoire, la nature, la politique de ces deux nations expliquent et légitiment, et que l'intérêt *universel* réclame.

Pour s'opposer à ce que l'Angleterre envahisse l'Égypte et la Syrie, et à ce que la Russie s'empare de Constantinople et de l'Asie-Mineure, on a fait précisément tout ce qu'il fallait pour amener ce qui arrive aujourd'hui, c'est-à-dire pour organiser ce à quoi l'on voulait s'opposer. Est-ce impuissance seulement de notre part? je ne le crois pas. Voici les Anglais en Syrie et probablement les Russes à Scutari; pendant ce temps notre flotte est au Pyrée, et notre diplomatie proclame qu'on fait ce qu'elle a essayé, par tous les moyens possibles, d'empêcher.

Cette diplomatie d'*empêchement* a pu servir habilement les Russes contre les Anglais, et les Anglais contre les Russes, pour retarder pendant quelques années le résultat inévitable de ces tendances russe et anglaise vers l'Orient, vers la Perse et l'Inde. Mais aujourd'hui, espérer se tirer d'affaire en brouillant les Russes avec les Anglais, sans rien faire qui puisse rattacher les Anglais ou attacher les Russes à nous, c'est une politique aventureuse.

Depuis dix ans, on a affecté de poser la question d'Orient dans des termes qui n'avaient aucune importance européenne, et qui dissimulaient la véritable difficulté; on a parlé de raccommoder le sultan avec Méhémet-Ali, tandis qu'au fond il s'agissait de savoir quelle influence la Russie aurait sur Constantinople et sur la Mer-Noire, et quelle influence l'Angleterre aurait sur l'Euphrate et sur la Mer-Rouge. C'était là vraiment la question *orientale pour l'Europe*, et la vice-royauté héréditaire ou viagère, la possession d'Adana, celle de Saint-Jean-d'Acre, n'étaient que des voiles diplomatiques.

Une question bien posée est, dit-on, à moitié résolue : que devient alors une question mal posée? C'était sans doute à la France, de concert avec l'Autriche, qu'il appartenait de *limiter* mais non d'*empêcher* ces deux grandes tendances russe et anglaise; et au contraire, l'Autriche aide leur développement exagéré, et la France regarde faire.

Comment, dès lors, s'en prendre aux autres, à l'Angleterre ou à la Russie, de ce quelles marchent dans leur direction naturelle, de ce qu'elles vont où Pierre-le-Grand, où Napoléon savaient qu'elles iraient? Vous n'avez pas voulu débattre avec elles la manière d'y aller; vous n'avez pas voulu vous entendre sur la part naturelle, légitime et universellement utile d'influence qu'elles devaient prendre en Orient; quand vous saviez que c'était de cette influence qu'il s'agissait, vous leur avez parlé Empire-Ottoman, souveraineté arabe; elles ont écouté dix ans votre babil, puis, lasses d'écouter, elles ont marché.

Si notre politique intérieure est effrayante, c'est par les mêmes causes. La politique *d'empêchement* porte aussi là ses fruits. Il y a quelques tendances intérieures aussi évidentes, aussi exigeantes, aussi inévitables que celles dont je viens de parler, et faute de savoir diriger, modérer, limiter leur cours impétueux, on risque bien de les voir déborder, en se préoccupant uniquement d'y résister et de les contenir. On a caché aussi, sous des mots d'un autre monde, les choses qui intéressent celui-ci ; on a vu des questions politiques là où il n'y avait que des questions sociales ; on a songé aux *républicains*, quand il fallait songer aux *ouvriers*, sans lesquels les plus fameux républicains ne pourront jamais rien faire ; on a songé aux *légitimistes*, quand il faudrait songer aux *paysans* qui sont aussi leur seule force ; on a organisé des corps *politiques*, quand il faudrait organiser des corps *industriels* ; et le pouvoir en est réduit, pour la politique intérieure, au rôle que l'on fait à la France dans la politique générale; il est seul, sans alliés, et bientôt obligé de voir passer devant lui les flots de ces envahisseurs, qu'il ne peut contenir plus longtemps et qui bouillonnent. Comment surtout les arrêter, aujourd'hui qu'on a eu l'imprudence de leur crier : Guerre ! qui osera leur dire : Halte ! paix ! et si, ne l'osant pas, on dit : Eh bien, guerre ! Quelle épouvantable catastrophe ! Dans un an, l'Espagne serait plus heureuse, plus glorieuse que notre pauvre France !

Nous touchons à un de ces grands moments, fréquents dans notre histoire, où les révolutions se font, ou bien où elles avortent, parce qu'une forte pensée d'avenir leur manque ou s'en empare ; si rien ne vient transformer la haine *pour ce qui est,* en une passion vive *pour ce qui devrait être;* si les hommes qui ne songent qu'à *détruire le passé*, ne sont pas entraînés à *construire l'avenir;* si le duc d'Orléans, en un mot, ne se fait pas aimer par les ennemis de son père, c'en est fait de la dynastie. Ce qui est une tactique constante en Angleterre, est une indispensable nécessité, en ce moment, en France ; le prince royal anglais a toujours été le chef de l'opposition, et ce qui a fait grandir démesurément M. Thiers, c'est qu'il n'y avait pas, entre le roi et lui, et plus haut que lui dans l'affection du roi et dans la considération du peuple et des étrangers, un représentant de l'opposition; c'est que le roi et son successeur ne s'emparaient pas de la direction *générale* des esprits, des partisans de l'ordre et de ceux de la liberté, de la vieillesse et de la jeunesse, de la pairie et des députés, des hommes qui possèdent et de ceux qui veulent acquérir, de la bourgeoisie et du peuple. N'est-ce donc pas parce que le roi Louis-Philippe était l'opposition de Charles X, que la révolution de 1830 a duré seulement trois jours.

Arago, à Toulouse, tout en faisant d'assez mauvaise politique, a dit quelques fort bonnes choses ; il est revenu sur sa grande et belle formule : *La réforme est le moyen, l'organisation du travail le but,* et il a ajouté que Turgot avait mal fait de *détruire* les maîtrises et les corporations industrielles; qu'il aurait dû seulement les *améliorer*. Cet homme a donc dans la pensée une assez bonne partie de la vérité, pour devenir utile, lui qui sera dangereux, tant que le gouvernement n'abordera pas lui-même la question industrielle. Mais comment faire pour que le gouvernement y arrive? est-ce qu'il faut la *réforme,* c'est-à-dire le dessus-dessous et le dessous-dessus? Je ne le crois pas encore, mais si l'on tarde je le croirai.

La politique pratique actuelle se résume, je le répète, dans ce que je vous ai déjà dit si souvent sur le duc d'Orléans : si cet héritier présomptif ne se fait pas aimer des ennemis de son père ; si le roi et lui ne s'emparent pas des contents et des mécontents, ils sont flambés.

Maintenant, quelle est l'occasion de pratiquer cette nouvelle politique? La discussion des Chambres, cette année. Bon gré, malgré, il faut que le duc d'Orléans se mette rondement en opposition avec ce que *l'on croira* être l'opinion de *la Cour*, dût-il défendre M. Thiers et la guerre, à la tribune de la chambre des pairs, contre la majorité des pairs ; dût-il se faire, jusqu'au bout des ongles, Chauvin pour le moment. Je suis toujours stupéfait de ce que la prodigieuse finesse de son père, et sa connaissance parfaite des procédés anglais, ne l'aient pas encore poussé dans cette voie.

Mais, pour cela, il ne faudrait pas nommer son fils futur comte de Versailles, ou sa fille duchesse ou peut être marquise (il ne manquerait plus que cela) ; il ne faudrait pas même réclamer pour soi et pour le duc de Nemours l'organisation des bataillons et escadrons nouveaux, et récréer ainsi ou restaurer les colonels généraux d'infanterie et de cavalerie dans la famille; Thiers leur *laisse faire tout cela, parce qu'il sait très-bien que ce sont des fautes*, et il se frottera les mains le jour où il nommera amiral le prince de Joinville, en songeant au duc d'Angoulême et même à Murat, c'est-à-dire à 1830 et à 1824 qui ont tué Charles X et Napoléon, le père et le beau-frère d'un prince grand amiral. Je suis sûr qu'il s'opposerait de toutes ses forces à ce qu'il prît la Fantaisie au roi de marier le duc d'Aumale à une française, à une bourgeoise, lui, le petit bourgeois, parce qu'il est parfaitement convaincu que ce serait un des grands et nobles moyens d'en finir avec l révolution.

Que le duc d'Orléans essaye de se mettre à la tête du mouvement industriel et d'écraser ainsi Arago et Laffite, il verra quelle mine fera M. Thiers.

Je viens d'apprendre les épouvantables dévastations produites par les débordements de vos rivières. Eh bien! la Saône et le Rhône ne sont que des ruisseaux, comparés aux torrents humains qui grondent; ces ruisseaux renversent tout sur leur passage; que sera-ce donc, à la fonte des neiges qui couvrent les vieilles cimes de notre société; que sera-ce lorsque les tempêtes seront déchaînées et que des pluies d'orage viendront grossir les moindre affluents du grand fleuve? Certes Guizot et Soult sont taillés dans roc, mais aujourd'hui, les digues pour maintenir ce fleuve dans son vieux lit tortueux seraient impuissantes, quelque fortes qu'elles fussent; il faut des berges *dans la direction*, fussent-elles de terre, pourvu qu'elles soient assez hautes. Aux temps des prophètes, cette dévastation des fleuves, rapprochées d'un état politique comme le nôtre, aurait suffi pour qu'il s'écriassent : Voici la fin du monde, Dieu brise le sixième sceau! et les prophètes eussent eu à moitié raison. Nous assistons à une mort, mais aussi à un enfantement, et la combinaison de ces deux grandes crises humaines, pleines de douleur, donne au spectacle que nous avons sous les yeux une tristesse solennelle, malgré l'espérance qu'il renferme, malgré l'avenir qu'il annonce et prépare. Aux personnes que j'aime et qui m'écrivent leurs inquiétudes sur moi en Algérie, je renvoie mon inquiétude sur elles-mêmes, plus légitime que la leur; car les Arabes, je peux les éviter; la maladie même, avec un régime sain et sage, n'est pas plus à craindre ici qu'ailleurs; mais qui évitera le torrent et quelle hygiène garantira de son atteinte?

Cette demi-victoire parlementaire qui élève Sauzet et abaisse Barrot, nouvelle oscillation de la bascule politique, va faire illusion encore une fois au parti auquel il serait si intéressant d'ouvrir les yeux, pour qu'il vît enfin la vérité, pour qu'il pût lui-même changer son nom de *conservateur* et se proclamer hautement *réformateur*. Plus que jamais, le rôle que doivent prendre les défenseurs de l'ordre est évident; ils sont perdus, s'ils ne ravissent pas la POPULARITÉ aux partisans de la liberté; ils sont perdus, s'ils se bornent à RÉSISTER. Ne savent-ils donc pas que le Français est incomparable pour l'attaque, et qu'il est bien moins brillant à la défense? Enlevez l'avenir à la baïonnette; point de retraite vers le passé, même le passé d'hier; marchons!

Heureusement, comme je vous l'ai déjà écrit, dans notre politique à bascule, les hommes qui arrivent au pouvoir sont souvent entraînés à faire le contraire de ce qu'on attendait d'eux; c'est-à-dire précisément ce qu'on attendait de leurs prédécesseurs, qui n'ont pas pu le faire, parce que les suites de leur tendance connue épouvantaient. Il serait donc possible que le résistant Guizot ne fît pas de résistance, de même que M. Thiers, le libéral, a enterré la question des rentes, ajourné indéfiniment la réforme électorale, brisé l'alliance anglaise, rétabli des journaux soldés, et fait une foule d'actes contraires à ce qu'attendaient de lui ceux qui lui avaient donné sa quasi-dictature.

Mais aujourd'hui, il faut plus que des actes involontaires qui jurent avec le caractère réel des hommes du pouvoir; il faut sentir et vouloir ce que l'on fait; il faut avoir toute son âme à son œuvre; or, l'âme de M. Guizot est bien bourrée de passé, mais elle ne sent pas l'avenir; et il n'y marcherait que contraint et forcé.

C'est donc en dehors de ce nouveau ministère qu'il faut chercher les hommes auxquels ce ministère lui-même obéirait, qui le maîtriseraient et l'entraîneraient dans une route contraire à sa nature.

Ce ministère, c'est encore une phase du régime social né en 1830, c'est encore un rouage de cette grande machine qui fait des discours de tribune et des articles de journaux; c'est un des deux mouvements de ce balancier qui tantôt *laisse faire,* et tantôt *empêche de faire,* mais qui *ne fait rien,* et surtout *ne fait rien faire* volontairement. Or, ce mécanisme est bien fatigué et bien usé depuis 1830, et nous sommes en présence d'un effort à accomplir, qui dépasse sa puissance; c'est donc encore, **à mon avis**, un ministère plus **transitoire** que tous ceux que nous avons **eus** depuis 1830; en un mot, c'est presque un ministère Polignac, dernier terme d'une forme de gouvernement qui a accompli sa tâche.

Que Dieu nous préserve des autres conséquences de cette analogie; ne renouvelons pas la crise de 1830; je vous ai dit dans ma dernière lettre et dans celle-ci comment l'éviter.

P. E.

CCXCᵉ LETTRE

A ARLÈS

Alger, 28 octobre 1840.

Mon cher Arlès, je viens de lire dans la *Presse* du 10 la préface de Lamartine; c'est superbe presque partout; c'est admirable dans la seconde partie, lorsqu'il dit ce que ne devait pas être et ce que devait être la politique intérieure de la France; c'est grand et noble toujours.

Au milieu des tristesses que nous apportent les nouvelles de l'état de la France, cela réjouit le cœur de lire ces belles pages, et cela donne espoir. Comme je vous l'écrivais en vous parlant des jérémiades de Quinet, la France sent le cadavre, mais elle sent aussi le lait de l'enfance; elle finit sa mort, mais elle recommence sa vie, et Lamartine parle comme des prophètes doivent parler, il ne pleure pas sur nous et ne nous lance pas d'anathême, il ouvre l'avenir et nous appelle à y entrer. — Quel mémorandum à côté de celui de Thiers !

Et pourtant vous savez qu'il y a une chose qui me laisse encore un désir dans l'âme, chaque fois que j'écoute Lamartine parler de l'Orient. Comment un Français, un chrétien, un prophète de l'humanité entière, peut-il si souvent s'arrêter devant cette idée que l'empire ottoman se meurt, que l'islamisme pousse son dernier soupir, sans se retourner sur lui-même et dire : Moi aussi, Français, j'ai vu tomber la noblesse et crouler les trônes; moi aussi, chrétien, j'ai vu et je vois

Rome épuisée, l'Église brisée en miettes, et le successeur de saint Pierre plus blême encore que le successeur du Prophète. La France, fille aînée de l'Église, depuis 1770 aussi, n'a-t-elle pas incliné la tête vers la tombe, plus profondément et plus bas que la tige d'Osman? Cet enfant, fils de Mahmoud, n'est-il pas encore plus roi que Louis-Philippe, que les reines d'Espagne et de Portugal, et même que la jeune reine d'Angleterre?

C'est qu'il y a en Orient, comme chez nous, une mort qui finit, mais aussi une vie qui recommence, un germe qui fermente; il y a pour l'Orient un avenir *propre à l'Orient*, et non un avenir que nous lui ferions à notre guise, et surtout que nous lui ferions avec l'élément le plus vieux qu'il renferme dans son sein, avec des juifs, des chrétiens de mille sectes, des Syrien en un mot.

Certes je suis loin de dire que notre contact n'est pas nécessaire pour cet enfantement d'une vie nouvelle en Orient, mais c'est qu'il faut que nous touchions aussi l'Orient pour que, nous-mêmes, nous voyions grandir et s'épanouir cette vie nouvelle qui est en nous ; car le signe de cette nouvelle vie, pour chacun de ces deux mondes, est précisméent le symbole d'*union* de ces deux mondes : leur commune *religion*.

Que la race d'Osman finisse comme celle des Capet ; que l'empire turc se démembre comme a été démembré celui de Charlemagne ; que l'islamisme turc, persan et marocain se divise encore en Wahabites, en sectateurs de Méhémet-Ali, et en sectateurs d'Abd-el-Kader, comme le christianisme romain et grec a eu ses milliers de sectes, est-ce à dire que les populations de l'Islam vont disparaître ? Le monde chrétien vit bien encore. — Est-ce à dire que ces populations sont à notre merci, et se livreront en pâture ? Mais la même raison, notre mort à nous-mêmes, leur donnerait droit de dévorer notre cadavre ; et c'est ce que fait Abd-el-Kader, c'est peut-être ce que font Ibrahim et Soliman à cette heure ; c'est peut-être, Dieu nous en préserve, ce que font les musulmans égyptiens avec les chrétiens du Caire et d'Alexandrie. Méhémet-Ali a encore dans son arsenal la dernière raison de l'Islam, la guerre sainte.

Pourquoi faut-il que Lamartine soit encore de ces chrétiens présomptueux qui disposent des nations de l'Orient, comme les traités de 1815 ont disposé des peuples de l'Occident, qui les partagent et les parquent comme du bétail?

Et d'ailleurs, maintenant que cet *Ancône syrien* nous est échappé, maintenant que la question s'est terriblement compliquée, que faut-il que fasse la France? J'ai cherché inutilement dans la préface réponse à cette question.

C'est qu'avec la conviction de la mort de la race turque, et de la nullité de ce pacha d'*une petite province turque*, il n'y a pas d'autre solution possible que celle-ci : Constantinople sera la troisième capitale de l'empire Russe; l'Égypte et la Syrie seront colonies anglaises, et avant peu Tripoli et Tunis seront colonies autrichiennes; et nous avons l'Algérie.

Il est très-possible, en effet, que ce plan de *partage* soit celui de plusieurs diplomates, et à vrai dire, partage pour partage, j'aimerais mieux Tunis pour la France que la Syrie, sur laquelle les Autrichiens auraient au moins autant de droits que nous ; j'aimerais mieux Tunis, en supposant que nous gardassions Constantine et Alger; et je compléterais l'envahissement européen en faisant à l'Espagne le triste cadeau de son vieil Oran.

Mais tout cela n'est pas œuvre du XIXe siècle,

c'est de la politique romaine ou plutôt vandale, c'est une diplomatie de patriciens à l'égard des esclaves, c'est au-dessous même de la conquête d'Amérique, et grâce à Dieu nous sommes moins chrétiens que Pizarre, et nous n'égorgerons pas les peaux noires, comme les chrétiens d'Amérique, pendant trois siècles, ont égorgé les peaux rouges, un crucifix à la main.

Esprit de *conquête,* quand donc céderas-tu la place à l'esprit d'*association?*

Et quels sont donc ces Européens qui croient en conscience porter à l'Orient une foi meilleure que la sienne, un ordre social meilleur que le sien, une morale plus pure que la sienne? Que croyent-ils eux-mêmes, à qui obéissent-ils et qui leur obéit? sous quel tas d'ordures cachent-ils leur morale? Le temps des Godefroy et des Richard n'est plus; à quoi voulons-nous *convertir* les infidèles? Rome se tait, le pape ne parle qu'à peine à la *ville* et ne dit plus rien à l'*univers.*

Je vous l'ai déjà dit : Si *toute la chrétienté* avait voulu s'entendre pour faire cesser la piraterie, nous jouirions du double bonheur de n'avoir ni la piraterie ni l'Algerie. Et de même si toute la chrétienté avait voulu un canal gigantesque à Suez et un autre vers l'Euphrate, elle l'aurait ; et si elle avait voulu couvrir l'Asie-Mineure d'un réseau de chemins de fer, rattachant Smyrne et Constantinople à Bagdad, à Ispaham, à Calcuta et jusqu'à Pékin, le sultan aurait dit : Faites. A quoi sert donc de *prendre*? Alger est là, vous pouvez voir ce qu'il pèse ; jamais Barberousse n'a été si lourd aux chrétiens qu'Abd-el-Kader.

Mais pour cela il aurait fallu poser la question orientale dans ses véritables termes ; il n'aurait pas fallu essayer d'endormir la Russie et l'Angleterre, et l'Occident tout entier qui tend vers l'Orient, par un babil plus ou moins adroit, sur les différends de Méhémet-Ali et du sultan ; il était inutile de parler d'hérédité d'Égypte, de viager de Syrie, d'Adana et des villes saintes ; ce n'était pas là la question pour l'Europe. Ce dont il s'agissait, pour l'Europe, dans la question d'Orient, et ceci était surtout l'affaire de la France et de l'Autriche, c'était de savoir quelle espèce de *prédominance* la Russie aurait sur la Mer Noire, sur Constantinople et sur l'Asie-Mineure, et quelle espèce de *prédominance* l'Angleterre aurait sur l'Égypte et la Syrie, de telle sorte que ces *prédominances* instinctives, naturelles, inévitables, voulues de Dieu pour l'avancement et le bonheur du monde, ne fussent ni *exclusives* ni *monopolisantes*. La Russie et l'Angleterre ont écouté pendant dix années, puis, lasses d'écouter, elles ont marché où Pierre le Grand et Napoléon savaient qu'elles marcheraient; M. Thiers, l'a écrit comme historien, il l'a oublié comme ministre, et M. de Metternich suit le mouvement, et nous nous regardons.

Et pourtant notre piteuse position dans cette grande crise humanitaire a son beau côté, non-seulement je préfère notre isolement, notre inaction, à l'occupation de cet Ancône syrien, mais je me réjouis de nous voir en dehors de ces procédés brutaux que les grandes nations d'Europe emploient contre le plus grand homme d'Orient, contre les deux peuples les plus illustrés par l'histoire, contre le pays de Memphis et celui de Jésuralem; et il me semble que Dieu et l'humanité sauront gré un jour à la France de s'être abstenue; et, au contraire, dès aujourd'hui, quelle immense responsabilité pèse sur l'Angleterre et sur la Russie! Certes je déplorerais que la grande marche de l'Occident vers l'Orient commençât sans nous, si elle ne commençait pas aussi mal; mais il me semble que le moment n'est pas éloigné où précisément parce qu'on nous a dédaignés et délaissés à l'arrière garde, nous aurons à remplir dignement le rôle qu'ironiquement lord Palmerston nous assigne à la fin de son mémorandum; l'Orient et l'Occident auront tôt ou tard un *arbitrage* à faire, la France seule aura le droit de le faire.

Tout à vous.

P. E.

CCXCI[E] LETTRE

AU GÉNÉRAL SAINT-CYR NUGUES

Alger, 30 octobre 1840.

Mon cher Saint-Cyr, j'ai appris par le courrier dernier ton départ pour Paris avec Nugues, et j'ai été bien aise de savoir près de toi ce brave garçon que ses lettres de Curson me font juger maintenant homme solide, bon et agréable, comme je l'espérais. Lorsque la lettre de Thérèse et d'Eugénie m'est arrivée, je venais de leur écrire une longue lettre dont je pensais que tu aurais connaissance à Curson, et que j'ai fait partir en priant ces dames de te parler dans leur correspondance du sujet que j'y traitais : il s'agissait de moi. Je crois mieux toutefois de t'en écrire directement, avant de quitter Alger. d'où je pars après-demain. Je t'ai dit plusieurs fois l'incertitude où nous étions tous dans la Commission sur la forme à donner à nos travaux, incertitude résultant de l'absence d'instructions et de direction ; mais nous avons à peu près tous reconnu depuis, à l'œuvre, que le ministère avait bien fait de nous laisser *d'abord* chercher par nous-mêmes ce que nous croirions le plus utile d'étudier, et, de plus, qu'il avait été parfaitement sage en ne nous imposant pas la direction intellectuelle de notre chef. Mais voici bientôt une année passée en Algérie, et plusieurs d'entre nous ont été frappés de la nécessité de ne pas laisser trop longtemps la Commission sans produire, et d'ailleurs il devenait urgent de savoir si la direction personnelle que chacun de nous à prise pour ses explorations était bonne à continuer. Dans ce double but, tous les membres de la Commission ont fait un rapport sur leurs travaux, et quelques-uns ont fait, soit des mémoires pour l'Académie des sciences et des beaux-arts (Boblaye, Deshaye, Lavoisier), soit des ouvrages pour la publication annuelle du ministère (Pellissier, Carette), soit encore des notes ou lettres à l'académie des inscriptions et à celle des sciences morales (Berburger, Carette et moi).

Moi, en particulier je n'ai pas été heureux dans mon choix; ma lettre à Blanqui m'a été renvoyée, tandis qu'au contraire le travail de Carette, qui est fait dans le même but et qui roule sur les mêmes idées, a été accepté avec éloges et remercîments, très-justes, car ce travail est excellent. Le ministre, il est vrai, ne critique et ne repousse que *la forme* prise par moi pour émettre ma pensée sur la province de Constantine et lui donner quelque publicité; mais c'est précisément cette *forme* à donner à mes travaux qui aujourd'hui m'embarrasse et me presse. J'avais fait une maladresse, que Blanqui lui-même m'a expliquée, m'écrivant que depuis son rapport il était traité en gamin au ministère, et que l'Académie elle-même, tout en approuvant son travail, n'avait pas osé en voter l'impression ni pour ainsi dire en autoriser la publication, malgré l'excitation donnée à Blanqui par le duc d'Orléans pour les choses qui signalaient les fautes de l'administration en Algérie.

Jusqu'ici je me suis borné à résumer quelques-unes des idées que la vue de ce pays et la lecture des ouvrages qui en parlent m'ont inspirées, sous forme de *notes* pour moi ou de lettres intimes comme celles que j'écrivais à Arlès; mais ce ne peut être qu'une préparation, ce n'est pas une œuvre; ce n'est pas l'accomplissement de la tâche que me confie ma mission.

Si je n'avais pas craint d'être indiscret, ou plutôt si j'avais été personnellement un peu plus connu de M. Laurence, je crois que je lui aurais écrit pour lui demander à lui-même s'il lui conviendrait de recevoir de moi, soit des renseignements à laisser inédits et n'ayant pas le caractère qu'il faut pour la publicité, soit au contraire des publications à faire dans le sens des idées principales émises dans ma lettre à Blanqui. Ne connaissant pas M. Laurence, il est évident qu'il me répondrait tout au plus : « Faites; envoyez-moi, je déciderai après si cela est bon à imprimer, ou à consulter, ou à mettre au rebut. »

Et pourtant tu sentiras, je pense, que ma

position, sous tous les rapports, exige que je ne fasse pas trop à ma tête, et que je ne me permette pas d'entrer, sans y être autorisé, dans une direction de travail qui pourrait être jugée ou trop ambitieuse ou au moins en dehors de ce qu'on attend de l'ethnographie de la Commission.

La réponse qui m'a été faite, et celle que vient de recevoir M. Carette, me prouve bien qu'on ne nous défend pas d'aborder le terrain politique, et l'approbation donnée aux idées qui président à nos deux mémoires me fait penser que M. Laurence partage notre opinion sur l'importance relative de la province de Constantine à l'égard des deux autres provinces ; mais lui-même ne me tire pas encore d'embarras.

J'espère que mes lettres, communiquées au prince, l'auront confirmé dans la bonne opinion que tu lui avais donnée de moi ; mais je cherche vainement comment je dois m'y prendre pour que cette bonne opinion s'étende encore à d'autres qu'au prince, et pour que ma nomination cesse d'être considérée comme une simple *faveur*, sinon par le public, au moins par mes chefs ; je veux dire M. Laurence, le ministère, le gouvernement.

Dans le commencement de mon séjour ici, et à propos du projet d'institut égyptien, tu t'es servi de ce projet, comme occasion, pour continuer auprès de plusieurs grands personnages l'influence de ton patronage si affectueux pour moi ; faut-il que j'use ou que j'abuse encore de ton amitié en t'adressant, maintenant que tu es à Paris, des travaux que tu remettrais et appuierais toujours de ton opinion si hautement estimée? Je ne sais; mais je suis convaincu que si ce n'est pas par ton intermédiaire que je dois passer pour arriver avec mon bagage algérien auprès du ministre ou de M. Laurence, ce sera par ton conseil que je connaîtrai la route qui doit m'y conduire.

Ceci m'amène à te présenter encore ma pensée sous une autre forme. Comme je t'écrivais à Curson, je commence à en avoir presque assez de l'Algérie, réduite à la province de Constantine, puisque c'est la seule que je puisse raisonnablement visiter. Quand j'aurai vu la Calle, que je ne connais pas encore, et pris quelques renseignements à Constantine, Philippeville et Bone qui me manquent, j'aurai, je crois, achevé mon exploration et serai désireux de rentrer en France, comme plusieurs de mes collègues se proposent de le faire en mai. J'ai lieu de penser que ma santé même m'y ramènera; depuis deux mois je ne suis pas bien, le foie me travaille; il y a d'ailleurs des motifs, que tu dois sentir, qui tendent à me faire déjà trouver longue mon absence; trois ans d'Égypte ont été lourds alors, la moitié en Algérie m'écraserait presque aujourd'hui. J'espère donc qu'on m'autorisera à rentrer vers cette époque, et je te prierai alors de m'y aider, quoique je ne pense pas qu'à Paris on y mette obstacle, mais parce que je sais que le colonel fera ce qu'il pourra pour empêcher ce qu'il appellera une débandade de la Commission; il n'a pas caché son désir de la prolonger autant que possible. — Eh bien! il me paraît difficile de rentrer en France si je n'ai pas fait, d'ici là, pour me faire connaître du ministère, autre chose que ma lettre à Blanqui refusée, et ma note très-rapide sur mes travaux de la campagne dernière. D'ici là j'aurais voulu faire quelque chose.

Contre mon ordinaire, je vois aujourd'hui en noir mes propres affaires et celles de la France; mais vraiment ces dernières sont si mauvaises aujourd'hui que mon optimisme habituel en a été fortement ébranlé. Ce cinquième assassinat, dans des circonstances aussi critiques jette encore une teinte plus sombre sur nous. Quelle vie que celle de la reine, du roi, de toute cette belle famille au milieu d'un peuple qui ne respecte plus rien, ne croit à rien, et qui s'agite dans un désordre qu'il prétend ordre!

Je sens, mon cher Saint-Cyr, que parmi toutes les choses que je te dis, il en est plusieurs que tu pourras désapprouver, qui te feront de la peine, et qui d'abord te déplairont au point peut-être de t'indisposer contre moi. Mais tu pardonneras vite, j'espère, en songeant que cette crise où nous sommes doit m'agiter, comme elle agite tous les cœurs vraiment français; j'obéis, en t'écrivant ainsi, à une impulsion de conscience et de devoir; je tremble, comme toi certainement pour la France, je la sens humiliée parce que sa désunion, son anarchie la rendent faible. J'ai peur pour la France, des étrangers, et je rêve aux moyens de conjurer l'orage. Tu as souvent excusé ce que tu regardais comme de grandes fautes chez moi en faveur de l'intention que tu a toujours crue bonne et généreuse. Aujourd'hui plus que jamais, sois sûr que tout ce que je dis m'est inspiré par des sentiments qui sont les tiens, par l'amour de la France et par la reconnaissance pour un prince qui m'a donné personnellement un témoignage de la bonté de son cœur et de l'élévation de son esprit, enfin pour l'affection qui nous lie, toi et moi, et qui me pousse à te confier tout ce qui remue puissamment mon cœur.

Adieu, mon cher Saint-Cyr ; je t'embrasse de tout mon cœur.

P. E.

On m'apprend la démission ministérielle. Ceci rend la situation bien plus distincte encore, mais peut-être aussi cela ouvre-t-il une bonne voie. Je l'espère. La lettre de M. Boismilon me faisait bien croire que cet événement n'était pas loin [1]. Mais gare! le renvoi de M. Thiers est presque aussi grave que les ordonnances de

1. Voici la lettre de M. B., à Arlès, que celui-ci avait transmise à Enfantin :

« Paris, 20 octobre 1840.

« Le P. R., qui attache un grand prix aux communications que vous me chargez de lui transmettre, a gardé cette fois plus longtemps, avant de me la rendre, la lettre de votre ami. Je n'ai moi-même, depuis deux mois, que des occasions moins fréquentes de travail avec lui. Les événements qui se multiplient depuis ce temps et tous de couleur sombre, les soins innombrables de l'organisation des nouveaux bataillons de chasseurs à pied dont il est chargé, les préoccupations de la santé de son enfant, si long à se rétablir, à cette époque si avancée de la grossesse de la princesse

1830 [1], les *chambres n'étant pas rassemblées.*

royale; tout cela, comme vous pouvez penser, absorbe le prince plus que jamais; mais les intérêts dont traite votre correspondance sont si importants, que la lecture n'en est que plus opportune dans ces époques de crise. S. A. R. apprend toujours avec plaisir que le travail des ateliers de Lyon est assuré presque jusqu'à la fin de cette année; et d'ailleurs, l'heureuse obstination de tant de gens à croire à la conservation de la paix, aura sans doute amené encore de nouvelles commandes depuis la lettre que vous m'avez fait l'honneur de m'adresser. Quand on songe avec quelle peine et quels efforts cette pauvre humanité, dans les circonstances les plus heureuses, peut lutter contre les rigueurs de la vie et les difficultés opposées par la nature même des choses, on se demande comment il peut se faire qu'il y ait tant d'esprits pour qui patriotisme et amour de la guerre soient synonymes. Il a fallu toute une génération pacifique pour amener quelques rudiments d'améliorations dans le sort des classes laborieuses; et deux ou trois ans de guerre déferaient, et au delà, l'œuvre de ces vingt-cinq années.

« Une des raisons particulières qui me la feraient déplorer, c'est que le P. R., en cas de guerre, serait par nécessité et par le sentiment même le plus consciencieux des devoirs de sa position, tout entier aux soins et aux dangers des camps, et pour longtemps détourné des importantes préoccupations dont votre ami démontre si bien le grand et urgent intérêt, non pas qu'elles ne soient aussi une excellente préparation pour le cas de guerre; mais enfin parce qu'on ne peut pas être en deux endroits à la fois quand la guerre éclate subitement.. » B.

1. Ainsi, dès 1840, M. Thiers, premier ministre de France, occupait un rang si élevé dans le monde politique européen, que son éloignement du timon de l'État apparaissait comme

CCXCII^E LETTRE

AU GÉNÉRAL LÉTANG

Bone, 10 novembre 1840.

Général, j'ai reçu votre ouvrage sur l'Algérie et la lettre que vous m'avez fait l'honneur de m'écrire en me l'adressant; je sais bien bon gré à M. Blanqui de m'avoir procuré cet avantage, et je suis heureux de m'être assez rapproché de vos idées pour que vous ayez bien voulu me demander mon opinion sur le livre que vous m'envoyez; permettez-moi de vous la dire en toute franchise.

Vous avez vu, par ma lettre à M. Blanqui, que, pour longtemps du moins, sinon pour toujours, je ne considère cette langue de rochers que

gros d'une révolution au hardi novateur même, qui ne voyait dans cet homme d'État qu'un éclair brillant dont l'éclat ne devait illuminer que le *présent*. Il est remarquable qu'après trente-trois ans, le *météore* de 1840 ait brillé encore à l'horizon et soit resté le flambeau du *présent* pour aider le peuple français à sortir de l'abîme et reprendre son premier rang dans les voies de l'*avenir*.

nous appelons notre province d'Oran, et cette solitude mortelle que nous nommons notre province d'Alger, que comme le champ de bataille propre à maintenir, à assurer la tranquillité de cette belle terre qui forme la grande province de Constantine. Oran, notre avant-poste vis-à-vis de Maroc et contre l'arrière-garde d'Abd-el-Kader; Alger jusqu'à Tittory, ligne de défense, portes de fer vivantes, en tête de notre ennemi, pour le confiner dans l'ouest ou même le repousser, s'il ne se soumet, dans le désert, et garantir ainsi l'est de son influence.

En un mot, la colonisation qui me semble, comme à vous, devoir marcher avec la domination, ne me paraît toutefois possible *aujourd'hui* qu'à l'est, du moins en ne donnant ce nom de colonisation qu'aux établissements qui vivraient et feraient même vivre l'armée de leur travail, et non à ceux qui ne vivent que de la solde de l'armée, comme presque tous nos colons d'Alger et tous ceux d'Oran; c'est-à-dire, en désignant ainsi des *cultivateurs* et non des cantiniers.

C'est donc pour la province de Constantine uniquement, que j'aime à rêver l'application de ce principe, si nettement posé, qui vous sert d'épigraphe; c'est elle que je voudrais voir dotée de presque toutes les améliorations que vous proposez et pour la domination et pour la colonisation; car c'est là que nous approchons de la domination, tandis que dans l'ouest nous n'en sommes pas même à l'*occupation*, et que nous n'y jouissons réellement que d'une *prétention*, si ce n'est quant au *littoral*, du moins quant au *territoire*.

Cette limite dans laquelle je suis porté à renfermer ma pensée, relativement à la colonisation de l'Algérie, au moins pour le moment actuel et par conséquent pour arriver à une solution pratique et immédiate de cette difficile question, ne m'a pas empêché d'apprécier les moyens dont vous proposez une application plus étendue que celle que je crois actuellement praticable, mais elle a dû nécessairement me faire différer avec vous, lorsque vos idées se spécialisent et s'appliquent à tels ou tels lieux, à telle ou telle époque de notre entreprise coloniale.

Pour rendre ma pensée plus clairement par une hypothèse, je dirai que si votre système de *colonisation* était appliqué à la province de Constantine, je serais souvent d'accord avec vous; que je le serais rarement si on cherchait à l'appliquer à la colonisation de la province d'Alger ; et enfin que je ne le serais jamais s'il s'agissait de coloniser la province d'Oran.

Permettez-moi donc de vous féliciter des excellentes choses que vous avez dites, et qui tendent à détruire ce funeste préjugé, d'après lequel on croirait pouvoir dominer longtemps encore la province de Constantine (la seule que nous dominions, je le répète) en s'abstenant d'y faire de la *colonisation* et en y continuant une *domination* expectante.

Et de même, c'est surtout en vue de l'*occupation militaire* des provinces d'Alger et d'Oran, et de la guerre que nous y faisons et y ferons sans doute lorsque, depuis longtemps, la province de Constantine, déjà *dominée*, sera *colonisée*, c'est, dis-je, en vue de notre armée *combattante* de l'ouest, plus encore qu'en vue de notre armée *dominante* de l'est, que je vous félicite des précieuses améliorations que vous indiquez pour les expéditions, les convois, les camps, le service, le casernement, enfin pour le bien-être du soldat.

Si donc il m'était possible de partager votre livre en deux, l'une des parties applicable à la *colonisation* dans l'est, l'autre applicable principalement à la *domination* dans l'ouest, c'est à-dire, d'interpréter votre épigraphe de sorte qu'on cherchât à coloniser ce qu'on domine *déjà*, et dominer ce qu'on colonisera *après*, je le ferais et je trouverais, dans l'une et l'autre partie, des armes aussi puissantes pour la culture que pour la guerre.

Général, vous avez puisé dans votre expérience de la guerre d'Afrique et dans votre cœur de bonnes et nobles inspirations pour l'amélioration du sort du soldat; et vous avez aussi trouvé dans votre commandement de la province et de la division d'Oran de précieux exemples pour engager à appliquer dans cette province les perfectionnements militaires que vous proposez; mais vous le dites vous-même, vous ne connaissez pas la province de Constantine aussi bien que celle d'Oran (p. 176), et c'est, je crois, ce qui vous a empêché de donner autant d'importance et de développement aux mesures de colonisation qu'aux moyens de domination. Il en résulte, par exemple, que vous, qui voulez pourtant faire préparer et commencer la colonisation par l'armée elle-même, vous donnez à la province de Constantine, dans la répartition des troupes employées pour les trois provinces, 9 à 10,000 hommes, tandis que vous en accordez 15 à Alger et 15 à Oran. Cette proportion, qui me semble juste, *militairement* parlant, ne le deviendrait toutefois complétement que si vous faisiez aussi une répartition des forces *coloniales* pacifiques, dans une proportion plus qu'inverse de cette répartition des forces de la *domination* militaire ; c'est-à-dire, si vous accordiez à Constantine infiniment plus de soins, d'efforts, de dépenses, d'hommes *pacifiques*, qu'à la province d'Alger, et surtout qu'à celle d'Oran ; sans cela vos 10,000 hommes seraient même impuissants pour *dominer* les quatre villes (Constantine, Bone, Philippeville, Milah) les deux forteresses (Guelmah et Sétif) et les dix ou douze camps placés sur une ligne de grande communication qui a plus de cent lieues de longueur. Ce qu'il y a de certain, c'est que si la province de Constantine n'avait que 10,000 hommes de troupes, les exigences du service ne laisseraient pas au soldat une minute à consacrer, comme vous le désirez, à des travaux coloniaux, ni même à la construction de son propre casernement, et à la culture de jardinets pour la gamelle.

En d'autres termes, s'il est possible de réduire très-bas le nombre des soldats employés à la *domination* du vaste territoire de Constantine, c'est à condition qu'on y portera un nombre considérable de *colons;* et, au contraire, si on peut songer encore, selon moi, à la colonisation des provinces d'Alger et d'Oran, c'est que le nombre des troupes employées de ce côté à la domination d'un infiniment petit territoire, *sur le littoral*, doit être aujourd'hui très-considérable.

Enfin, de même que vous dites : « La province d'Oran est celle qu'il importe le plus de *soumettre*, » je dis : la province de Constantine est celle qu'il importe le plus de *coloniser*, et pour dire toute ma pensée : elle est la seule qu'on puisse coloniser, du moins maintenant.

Je vais plus loin, et j'ajoute que, même sous le rapport *militaire*, il y a, entre l'est et l'ouest, une différence telle que les hommes qui s'occuperont de la domination dans l'ouest ne sauraient être, pour ainsi dire, de la même nature que ceux qui s'occuperont de la colonisation dans l'est; qu'ils ne peuvent être soumis aux mêmes travaux, à la même discipline, en un mot au même gouvernement, sous peine de tenter encore de la colonisation dans l'Ouest, ou de continuer à ne faire que de la domination dans l'Est, c'est-à-dire le contraire de ce que réclament spécialement l'une et l'autre partie de l'Algérie.

Ainsi, c'est surtout à Constantine qu'il est nécessaire d'intéresser le soldat au sol, à la culture, à la paix; tandis qu'au contraire, dans l'Ouest, ce serait presque une faute ; là c'est à la guerre, à ses récompenses, à la gloire, qu'il faut intéresser le soldat. C'est directement pour l'honneur de la France qu'on se bat à Oran, à Alger; à Constantine, il faut que bientôt on se batte directement pour l'Afrique elle-même, pour les villes, villages et fermes que nous y posséderons, pour nos *foyers*. A Constantine, le soldat doit tendre vers la vie de colon; à Oran, au contraire, au colon il ne devrait manquer que l'habit, pour être un vrai soldat, aussi brave, aussi aventureux que nos zouaves et nos zéphirs.

Je vous demande pardon de vous avoir exposé ici mes idées, plutôt que de vous avoir donné mon opinion sur les vôtres; c'est que réellement, je le répète, j'adopte presque entièrement chacune des idées que vous avez émises sur l'Algérie, sauf leur application dans certains lieux ou en certains temps ; pour presque toutes, mon opinion est le reflet de ce qu'elle est à l'égard de votre principe général, qui consiste à faire marcher pas à pas la colonisation et la domination dans l'Algérie ; je l'adopte, pourvu qu'il soit compris ainsi : faire de la colonisation à Constantine et de la domination dans l'Ouest, et éviter autant la colonisation dans l'Ouest que les velléités guerrières dans l'Est ; au risque même d'être un peu exagéré de l'un et de l'autre coté ; car nous sommes loin, en ce moment, des deux côtés, de la juste mesure.

Vos idées sont si bien liées et forment tellement un système, que toutes, pour ainsi dire, se divisent à mes yeux, comme la lumière, à travers le prisme peut-être trompeur que je me suis fait, avec les trois faces de nos possessions africaines : Constantine, Alger, Oran ; et je suis porté à voir sous des couleurs riantes et claires ce que la partie *colonisatrice* de votre système, appliquée à l'Algérie tout entière, produirait à Constantine, et sous des couleurs très-sombres ce qu'elle produirait dans l'Ouest, depuis Hamza jusqu'à Tlemcen.

Un vœu me reste donc à faire, après l'étude de votre ouvrage, où l'homme de guerre et l'homme de paix ont si largement à puiser ; ce serait que vous voulussiez bien vous même appliquer spécialement à la province de Constantine vos vues pacifiques, et aux provinces de l'Ouest vos vues militaires ; cette spécialisation les modifierait sans doute, mais leur conserverait leur caractère et les rendrait praticables ; les ferait sortir de la théorie, pour les introduire dans le domaine des faits, dans la *politique* algérienne. Je crois le Gouvernement disposé à faire de la colonisation dans la province de Constantine, et je sais que quelques compagnies suisses et françaises témoignent la même intention ; le temps presse donc ; il faut faciliter l'heureuse solution de cette question si difficile ; personne ne le peut mieux que vous.

Recevez, je vous prie, Général, encore une fois mes remercîments pour l'envoi, si flatteur pour moi, de votre ouvrage et de votre lettre, ainsi que l'assurance du respect de votre très-humble et très-obéissant serviteur.

P. E.

CCXCIII^e LETTRE

A BLANQUI

Bone, 10 novembre 1840.

Mon cher Blanqui, je vous prie de faire parvenir au général Létang, dont j'ignore l'adresse, la lettre ci-incluse ; prenez-en connaissance et ne la remettez cachetée qu'autant que vous penserez que le général pût trouver mal qu'elle ne le fût pas.

Vous verrez combien je suis tenace dans mon opinion ; c'est qu'en effet on ne fera rien en colonisation, tant qu'on n'aura pas, avant tout, désigné le côté de l'Algérie, le point même où *il faut commencer,* par où l'on *doit* commencer.

Lorsque M. Thiers promettait qu'on trouverait, avec le temps, un gouverneur de l'Algérie qui réunirait la triple capacité politique, administrative et judiciaire, je crois qu'il se trompait dans la forme de son espoir, mais qu'au fond il avait parfaitement raison, en ce sens qu'il faut un bon militaire à Oran, un bon administrateur à Constantine, et à Alger un homme qui ne soit précisément ni administrateur ni militaire, mais qui *fasse faire* de la colonisation par l'administrateur de l'Est et de la guerre par le guerrier de l'Ouest, et qui rattache ce double mouvement de l'Algérie au gouvernement central de la France, en un mot, qui soit homme *politique*, embrassant les besoins de la paix et ceux de la guerre, les exigences de la métropole et celles de la colonie.

Le général Létang est trop bon *militaire* pour avoir bien pu comprendre, du premier coup d'œil, la question *coloniale ;* il en sent l'importance, c'est déjà beaucoup ; et je crois même très-fermement que s'il adoptait l'ordre selon lequel on doit procéder à la *colonisation*, s'il examinait la question algérienne du point de vue de Constantine, au lieu de l'envisager, comme il l'a fait, du point de vue d'Oran, où il a commandé ; en un mot, s'il se faisait colon à Bone ou à Philippeville, au moins par la pensée, il contribuerait puissamment à cette grande œuvre.

Je vous engage beaucoup, vous qui *sentez* et *comprenez* et qui voulez *réaliser* la chose, à pousser le général dans cette direction.

Bone dépérit et se désole ; Philippeville l'écrase et la ruinera complétement si l'on ne se hâte de faire quelque chose dans cette grande et belle plaine, tandis que, au contraire, Bone ne doit avoir un jour rien à envier à aucun point de notre côte ; si elle ne redevient pas l'*Hippône royale,* elle sera la ville *coloniale* par excellence. Philippeville elle-même, qui prend une croissance prodigieuse, n'est encore qu'une ville factice, comme une ville qui ne se nourrit que des dépenses de consommateurs improductifs, de soldats ; c'est le cabaret et la barrière de Constantine, prélevant un droit de passage sur tout ce qui va aux camps, jusqu'à Sétif; songez donc aux jolis bords du Safsat. La route de Bone à Guelmah, celle de Philippeville à Constantine peuvent nourrir certainement plus de 50,000 colons, ce n'est pas la place qui manque.

Quoiqu'il faille, *avant tout*, désigner, choisir le lieu propre à la colonisation, je sais fort bien que cela ne suffit pas, et qu'il y a, après cet indispensable préliminaire, bien d'autres questions importantes à résoudre, que je vous indiquais dans ma précédente lettre. La première de toutes est celle qui détermine la forme des concessions aux sociétés ou aux individus, c'est-à-dire la *constitution de la propriété coloniale*. Tous les écrivains qui ont traité de la colonisation m'ont semblé n'avoir pas songé à ce sujet, et avoir considéré les concessions algériennes comme devant être semblables, par exemple, à des ventes de forêts royales en France. S'il en devait être ainsi, je crois que décidément nous devrions être déclarés très-inférieurs aux plus ignares tribus arabes.

A revoir, pour causer de tout ceci j'espère dans quelques mois, adieu. Tout à vous.

P. E.

CCXCIVe LETTRE

AU GÉNÉRAL SAINT-CYR NUGUES

Bone, 10 novembre 1840.

Mon cher Saint-Cyr, je te prie de faire parvenir à Blanqui la lettre incluse.

Je retrouve ici, plus vive encore, ma conviction que tu connais, relative à la colonisation de l'Algérie. Ou il faut renoncer à tout, et bien vite, ou bien il faut commencer quelque chose de ce côté. J'ignore où en est la France, après les graves nouvelles d'intérieur et d'extérieur que le dernier courrier nous a apportées, mais dans quelque position qu'elle se trouve, il est impossible qu'on ne prenne pas un parti décisif sur l'Algérie. — Je crois qu'Arlès ira bientôt à Paris, il te communiquera quelques lettres que je lui ai écrites sur ce sujet, qui sont loin de former par leur réunion un *plan* de colonisation; mais je crois qu'à Paris, en me concertant avec Blanqui, ou en travaillant directement pour M. Laurence, c'est-à-dire pour le Gouvernement, je pourrai donner un corps à ces idées, détachées dans ma correspondance ou dans mon portefeuille, ou dans mon souvenir des lieux, des hommes et des choses.

Je reçois de Curson et de Lyon de tristes nouvelles de la Vienne, du Rhône et de la Saône; et de Paris la nouvelle de la nomination du ministère et du président de la Chambre; je crains que ces derniers ne soient des digues faibles contre les torrents qui grondent. La France est effrayante en ce moment, et ce ne sont ni les moyens ni les hommes *habituels* qui la sauveront, je dis habituels et non ordinaires; c'est une *crise* pour laquelle le régime parlementaire français n'a pas à son service la suspension de l'*habeas corpus,* et qui exigera par conséquent des procédés extraparlementaires, sinon... La pairie a un bien noble rôle, pourvu qu'elle ne se borne pas à attendre, sur sa chaise curule, l'insulte et l'épée du Gaulois. Il n'y a plus à en douter, les barbares et les esclaves sont à nos portes; l'étranger nous méprise et le populaire menace. Dans l'espace de cinquante années, nous avons eu les phases de plusieurs siècles de Rome; comme le disait M. Thiers, nous avons vu César, César lui-même; avant lui nous avions eu nos proscriptions de Sylla, et depuis lui nous en sommes au Bas-Empire; la parole et les avocats nous tuent; et c'est encore Bysance, Alexandrie et l'Afrique qui nous occupent sur notre lit de mort. C'est triste.

Adieu, mon cher Saint-Cyr, ces dames me donnent ton adresse, et je t'y envoie une bien grosse lettre. Je t'embrasse de tout mon cœur.

P. E

CCXCVᴱ LETTRE

A ARLÈS

Bone, 14 novembre 1840.

Je vous envoie là une feuille qui ne plaira peut être pas beaucoup à Lamartine; je ne sais même pas s'il est très-nécessaire que vous la lui communiquiez, car je me suis laissé aller à combattre ce qui au fond me paraît le moins important dans sa préface, et en général dans l'opinion de Lamartine sur la question d'Orient; tandis qu'au contraire je me suis borné à un éloge d'un mot pour ce qu'il y a de plus admirable dans cette préface : la politique intérieure; au reste, vous ferez ce que vous voudrez.

J'écris aujourd'hui une longue lettre à Saint-Cyr sur ma position, presque aussi piteuse que celle de la France, et sur celle de la France, aussi piteuse que la mienne.

Quant à la politique, le résumé de celle que je fais à Saint-Cyr est celle que je vous ai faite il y a longtemps sur le duc d'Orléans : si cet héritier *présomptif* ne se fait pas *aimer* des *ennemis* de son père, si à eux deux ils ne s'emparent pas de la vieillesse et de la jeunesse, de l'ordre et de la liberté, de la pairie et des députés, de ceux qui possèdent et de ceux qui veulent acquérir, des contents et des mécontents, ils sont flambés. Exemple : l'habitude parlementaire des Anglais pour l'héritier opposant. Exemple encore : Louis-Philippe, opposition à Charles X, ce qui a réduit à trois jours la révolution de 1830. Inconvénient actuel du contraire : presque dictature de Thiers, opposition de Louis-Philippe. Occasion : la discussion des Chambres cette année ; bon gré mal gré il faut que le duc d'Orléans se mette soudainement en opposition avec ce que l'*on croira* être l'opinion de *la cour*, dût-il défendre M. Thiers et la guerre !

(1er Novembre). Voici votre bonne lettre du 24. Celle de M. Boismilon me fait le plus grand plaisir en me faisant prévoir la débâcle ministérielle annoncée. Ceci est un 26 juillet 1830 — gare ! — Vous avez bien fait d'envoyer mes dernières lettres. L'intime post-scriptum ne doit être ni envoyé ni montré, c'est pour votre propre gouverne, dans une circonstance *possible*.

J'envoie à Saint-Cyr copie de la lettre de M. Boismilon. Il devait vous voir (il le *voulait*) en passant à Lyon le 22/23 mai ; il sera passé sans doute trop tard dans la nuit.

Je regrette en ce moment votre voyage à Montpellier; mais qui sait même si vous y êtes, et si tous ces événements ne vous retiennent pas à Lyon ou même ne vous ont pas conduit à Paris.

Je comprends un peu mieux maintenant pourquoi je m'éloigne, pourvu que cela ne soit pas pour trop longtemps.

Le bateau de Bone va partir, adieu donc.

Amitiés à Ribes et à Bégé.

P. E.

CCXCVIe LETTRE

A ARLÈS.

Bone, 15 novembre 1840.

Mon cher Arlès, dans ma lettre du 12 octobre sur la colonisation, je vous ai présenté quelques idées sur la forme des concessions à faire par l'État, et je me suis aperçu qu'il manquait à la clarté de ces idées une préparation indispensable, que j'ai négligée, parce que mon séjour en Algérie m'a fait oublier qu'on ignore généralement en France ce qu'on sait le lendemain du jour où l'on est entré dans la province de Constantine; ce qu'on ignore, il est vrai, quand on ne quitte pas Alger ou les villes de la côte.

Tous les auteurs qui ont écrit sur l'Algérie, même les publications ministérielles, n'ont traité la grande question de *la propriété* dans la régence que comme si la régence se bornait à ces quelques *villes* qu'elle renferme et à leur banlieue; comme si la propriété en Algérie consistait en quelques milliers de maisons, quelques centaines de jardins et quelques dixaines de fermes; comme si, en un mot, il n'y avait ici que des *bourgeois* maures et pas de *tribus*.

Ainsi on nous a parlé des biens *melks* ou libres, des propriétés engagées ou *habons,* et des *ana, dutur, melkia*, modifications particulières de la vente ou du loyer dans les *villes.*

En d'autres termes, on ne nous a pas dit comment les *tribus* entendent et pratiquent le droit de propriété, et cependant la presque totalité de l'Algérie est occupée par des *tribus* et non par des *villes*.

Or, comme il s'agit beaucoup plus de la campagne que des villes, si l'ont veut s'occuper de *colonisation*, il en résulte qu'on a négligé l'examen du premier élément de toute colonisation, et qu'on manque par conséquent de base pour arrêter la forme des concessions de *terres cultivables*. Autant la propriété, dans les villes, a un caractère *individuel*, autant celle des tribus a la forme *communale* : le droit des villes est éminemment *privatif*, le droit des tribus est éminemment *collectif*. L'autorité publique, le gouvernement, le délégué du Sultan, malgré toute l'autocratie musulmane, malgré le *droit*, respectait en *fait* la propriété dans les villes ; et l'usage, sinon l'inspiration directe du Koran, consacrait, d'une part, l'inviolabilité de la propriété *privée* ; de l'autre, l'*us* et l'*abus* qui est son caractère chez nous. Sauf les prescriptions imposées pour les successions par le Koran, la transmission de la propriété par location, par vente, par échange, et son usage et sa jouissance (sauf l'impôt également fixé par le Koran), étaient vraiment laissés à la libre volonté de l'*individu* propriétaire, et je ne crois même pas qu'il y ait eu, dans la législation de la régence, quelque chose d'analogue à ce que nous appelons l'expropriation pour cause d'utilité publique dans les villes, quoique certainement elle doive avoir eu lieu plus d'une fois; mais dans ce cas, je suis convaincu que l'usage aurait fait considérer comme *injustice* criante une dépossession sans indemnité très-équivalente et préalable. Je crois aussi qu'il n'y avait pas d'hypothèque.

Dans les tribus, au contraire, il semble qu'on rencontre partout cette grande pensée du Koran : A Dieu appartient la souveraineté des cieux et de la terre, et de tout ce qu'ils contiennent; il semble, dis-je, que là, en effet, l'homme, et même la tribu, ne se considèrent pas comme maîtres et *propriétaires*. L'autorité, que ce soit celle du Sultan, du Dey, du Bey, du Kaïd, du Scheick, l'autorité, en un mot, domine complétement l'individualité, comme si cette compensation était nécessaire, dans l'ordre *matériel*, pour balancer les inconvénients sociaux qui pourraient résulter de la liberté *morale* qu'enfante la tente. L'Arabe, aux yeux des Maures, sous le rapport de la *propriété*, doit paraître esclave, même le plus grand scheick des Arabes; et d'un autre côté, aux yeux de l'Arabe, il faut avoir l'âme bien servile pour se plaire à ce qu'on nomme la civilisation, c'est-à-dire la vie des *cités*.

C'est qu'en effet partout, ailleurs comme ici, la vie de cité ne crée pas et n'exige pas les mêmes besoins et les mêmes dispositions que la vie de la campagne; mais si la différence était grande entre la tribu arabe et la ville maure, elle l'est bien plus encore entre les mêmes tribus arabes et nos villes maintenant européennes. Je ne crois pas qu'il soit juste de dire que nous avons mis la civilisation en face de la barbarie, parce que cela est vraiment trop flatteur pour nous et trop injuste pour les Arabes; mais ce qu'il y a de certain, c'est que nous mettons en présence les citadins les plus citadins du monde et les campagnards les plus campagnards du monde. J'espère bien qu'un jour ces rudes campagnards comprendront nos aimables citadins, mais je crois que nous devons tous donner l'exemple, les comprendre d'abord et le leur montrer.

Ceci est donc un motif pour étudier comment ces *sauvages* entendent et pratiquent la propriété de la terre, et peut-être trouverons-nous, qu'en vertu de leur condition de campagnards typiques, ils ont quelque chose à nous apprendre, pour le moment où, nous aussi, nous voudrons devenir campagnards d'Afrique, colons.

En France, depuis deux siècles, nous avons fait mille efforts pour modeler la campagne sur la ville; nous avons voulu, pour ainsi dire, que tout notre sol fût une grande cité; nous avons tendu, avec une énergie merveilleuse, vers cette unité : nous n'avons plus de *paysans*, mais des *citoyens;* mais n'oublions pas aussi que, relativement, nous avons fait bien plus de progrès en industrie manufacturière et en industrie commerciale, qu'en industrie *agricole,* et qu'il est bien possible que ces deux résultats se tiennent. Or, ici c'est surtout l'industrie *agricole* qui doit nous préoccuper si nous voulons coloniser; nous n'en sommes pas encore aux fabriques et à la banque. Sous ce rapport, je vous dirai en passant que l'un des résultats, un peu éloigné peut-être, de nos tentatives d'Afrique, sera, je l'espère, de relancer la France elle-même dans le sillon agricole.

Le Bey de Constantine, délégué du Dey d'Alger, qui lui-même était délégué du Sultan, vicaire de Dieu sur la terre, donnait l'investiture aux scheicks des tribus de la province, et leur garantissait, moyennant la *dîme* (achour) et le loyer de la terre (hokor) la *jouissance* d'une portion déterminée du territoire de la province; je dis la jouissance, parce que jamais tribu soumise, payant l'impôt, ne s'est considérée comme *propriétaire*.

Les scheicks distribuaient, à leur tour, les douars de la tribu et nommaient les chefs de ces douars, espèces de patriarches, ayant autour d'eux, en général, des gens de leur famille, et aussi quelques étrangers à leur sang, selon l'étendue et la nature des terres attribuées à leurs douars et aussi selon leur propre richesse en troupeaux et mobilier. Ces chefs de douars payaient impôt convenu au scheick de la tribu, pour contribuer ainsi à l'impôt général de la tribu, et à la fortune privée du scheick.

Les chefs de douars, espèce de maires de villages, distribuaient de leur côté à chacune des tentes qui pouvaient cultiver (et même à des réunions de tentes, lorsque chacune d'elles était trop pauvre pour cultiver seule) une quantité de terre correspondante au nombre de charrues, moyennant un prix débattu et convenu; et enfin les plus pauvres, qui ne pouvaient cultiver par eux-mêmes, cultivaient pour d'autres; on leur fournissait semence, bêtes et instruments, et ils avaient droit au cinquième de la récolte.

Dans tout ceci, depuis le Dey, le Bey, jusqu'au moindre *particulier,* il n'y a rien qui ressemble à ce que nous entendons par le mot *propriété;* et ceci se passait dans tous les beylicks de la régence.

Vendre sa propriété n'aurait pas de sens; *affermer* même, pour aller vivre des plaisirs de la ville, comme chez nous, serait inouï et impossible pour un Bédouin; la présence, le travail, au moins comme direction et surveillance, sont des conditions inséparables des droits de *jouissance.* En un mot, il n'y a de propriété *individuelle, personnelle*, que celle des bestiaux, de la tente, des instruments, des armes, enfin du *mobilier*, mais jamais de l'*immeuble*, de la terre.

Chez les Kabyles; qui ont des masures et des jardins clos, il y a quelques différences, mais je ne parle ici que des Arabes, qui forment la presque totalité de la population déjà soumise ou qui sera le plus facilement soumise. Ces différences d'ailleurs ne sont que des nuances de peu d'importance.

Sans contredit cette constitution de la propriété, qui la livre non-seulement à l'arbitraire de l'*autorité*, mais aussi à l'arbitraire de l'usufruitier, en ce sens que l'Arabe peut se transporter d'un douar dans un autre, sans être obligé, comme chez nous, par exemple, de *vendre* sa première terre pour en *acheter* une seconde, cette constitution de la propriété est essentiellement *nomade*, et ceux qui y ont réfléchi les considèrent comme une des causes qui empêchent les Arabes de bâtir et de planter, et qui les rendent plutôt pasteurs qu'agriculteurs, et ils le prouvent même par leurs usages pour le pâturage, car, là, il n'y a pas la moindre trace d'*appropriation* de la terre, les pâturages sont absolument *communaux*. C'est qu'en effet ceci est conforme à la nature des différentes branches de l'agriculture, qui ne supportent pas plus un même mode d'*appropriation* qu'une même forme de *division*. Ainsi, grâce à Dieu, nous avons encore en France des pâturages et bois *communaux*, et des forêts *royales* que notre passion de propriété *individuelle* n'a pas encore pu envahir.

Oui, certainement, la propriété arabe est en harmonie avec la vie arabe, la vie du *nomade*, *pasteur* par goût et *agriculteur* par nécessité.

Une question fort importante à poser et à résoudre, en vue de la colonisation, serait donc celle-ci : Quel sera le caractère de la vie du colon européen en Algérie? Car s'il était probable que nos colons y vinssent pour être *nomades*, *pasteurs* surtout, et *agriculteurs* pour avoir du blé et de l'orge, je dirais avec assurance : Faisons-leur des concessions de *propriété* au même titre que les beys aux tribus arabes. Je suis loin de croire qu'il en soit ainsi; je crois que nos colons ne seront pas *nomades*, mais je crois qu'ils feront du fourrage et des bestiaux, du grain et des bois, enfin de la *grande culture*, avant de faire, comme on l'avait dit d'abord, de la soie et du coton, du vin fin et des épices, et jusqu'à de la cochenille, du moins si l'on entend par colons autre chose que des maraîchers.

Si cela est vrai, si *colonie* est pour nous synonyme de *grande culture*, la question se spécialise davantage, et la voici : Quelle est la constitution de la propriété en harmonie avec la *grande culture?* non pas la grande culture *nomade* des Arabes, mais la grande culture *fixe, sédentaire*.

Or, ceci est la question que les économistes et

publicistes traitent depuis longtemps sous cette forme : *Division de la propriété;* les uns célébrant les avantages de cette division indéfinie dont notre siècle est témoin, les autres déplorant les inconvénients qui en résultent, et les uns et les autres pouvant être mis d'accord, si l'on disait : La *division* et l'*individualisation* de la propriété sont favorables à la *petite culture;* sa *réunion par association communale* est favorable à la *grande culture.* Plus on se rapproche du *jardin*, et plus on tend vers la nécessité de la *possession individuelle ;* et, au contraire, plus on tend vers le pâturage, plus il faut se rapprocher de la *possession communale ;* ce qui revient à dire que l'homme est *un* homme, et qu'un mouton est *d'un troupeau.* Si un jour l'Algérie doit devenir un *Eden,* ce qui me paraît douteux, parce qu'il y fait trop chaud et qu'on y aura peut-être des fleuves de lait, mais peu de fleuves d'eau, alors certainement la propriété s'y modifiera, comme elle s'est modifiée en France, où elle a produit beaucoup de jardinets depuis 1789 ; mais aujourd'hui, dans l'état où est l'Algérie et pour l'œuvre que nous avons à y faire, je crois que nous aurions le plus grand tort d'y employer le procédé légal qui aide à créer des jardinets et qui tue la grande culture; le procédé qui peut très-bien déboiser, mais qui ne boise pas; le procédé qui épuise les cours d'eau, mais qui ne sait pas en réparer, entretenir et accroître un seul; enfin le procédé qui morcelle et émiette la terre à la bêche, et qui l'engraisse de la sueur de l'homme, ce qui est parfait pour faire pousser des petites raves ou des tulipes, mais inutile et nuisible même pour avoir le pain, la viande, la laine, le cuir, le gros vin bleu, le bois, de bons chevaux, et par dessus tout la *liberté des champs*.

Voilà donc ce qui m'avait poussé à vous parler du *fundus* romain, modifié, perfectionné, au moyen du procédé financier des *associations par actions*, c'est-à-dire d'une constitution de la propriété qui fût *collective* au fond et *privative* par la forme, où l'*individu* serait *personnellement* intéressé, mais où l'intérêt *social* ne pourrait jamais être contrarié par lui en sa qualité de propriétaire.

Remarquez que, même en France, personne n'aurait idée et n'a même idée d'entreprendre un grand projet de dessèchement, de défrichement, d'assainissement, de semis de landes, enfin une *vaste affaire agricole*, par le procédé de la propriété *individuelle*, mais bien par un procédé semblable à celui dont je parle, c'est-à-dire sous la forme de *sociétés* anonymes *par actions;* or, la colonisation de l'Algérie est bien autre chose que les plus grandes entreprises agricoles de France, ou plutôt il y a place ici pour une centaine de sociétés, comme celle d'Arcachon par exemple, que dirige Cazeaux près de Bordeaux, ou comme quelques dessèchements de la Compagnie des dessèchements de Paris. Je suis très-éloigné de dire qu'il faille ici le système des grands *propriétaires*, c'est-à-dire une espèce de féodalité, comme les Arabes la possèdent, mais au contraire le système des grandes *propriétés* de petits *propriétaires*, c'est-à-dire d'association très-libérale et non féodale des membres de la commune, des colons.

Je répète donc ce que je vous écrivais le 12 octobre : il faut ici que la propriété territoriale ait un caractère *social*, *collectif*, qui limite et empêche même les écarts de la possession *individuelle*, et qui permette et facilite les combinaisons hygiéniques, agricoles, de défense, de communications, d'irrigations favorables à la *commune*.

Ce sont des *villages* que nous avons à fonder

et non des *fermes;* c'est un *esprit de corps* qu'il nous faut pour première garantie de sécurité et de succès; l'*égoïsme de l'individualité* ne suffit pas; je suis convaincu de la vérité de ce que je vous dis ici, et il en résulte que malgré mon très-vif désir de voir commencer dans la province de Constantine quelques efforts coloniaux, je tremble de voir mal commencer, comme on a mal commencé à Alger. Je pense bien qu'on aurait plus de prudence, et qu'on ne ferait des concessions que progressivement, en augmentant le rayon agricole proportionnellement au rayon militaire, mais cela ne suffit pas, à beaucoup près. Peut-être aussi aurait-on le bon esprit de comprendre que ce sont des villages et non des fermes qu'il faut fonder, mais cela ne suffit pas encore; ce n'est pas Belleville ou Montreuil qu'il faut fonder ici; il y a village et village, comme fagots et fagots.

Dans ma lettre du 12 octobre, je me suis borné à l'examen de mes villages militaires, fondés par des troupes spéciales d'Afrique, et je crois qu'il y a, en effet, sous le double rapport militaire et colonial, l'indication du meilleur procédé pour *commencer;* toutefois, non-seulement je ne le donne pas comme le seul exclusivement bon et praticable, mais je conçois très-bien que, soit par des *associations privées*, soit sous la direction immédiate du *gouvernement civil*, on puisse fonder et organiser des villages par rapport auxquels l'*armée* n'aurait d'autre participation que celle de la défense; j'aimerais mieux *commencer* par la forme de colonie militaire, telle que je vous l'ai présentée, et qui me paraît plus complétement utile et aussi plus facile, mais voilà tout; et, par exemple, on assure qu'un baron suisse est en pourparlers avec le ministère et qu'il promet monts et merveilles; il est vrai qu'on ajoute qu'il a des prétentions exorbitantes d'indépendance, et qu'il demande à être affranchi de la loi civile, administrative et militaire française, et à gouverner sa colonie selon son bon plaisir. Cette demande, quelque ridicule qu'elle soit, est fort légitime, tant que le gouvernement français n'aura pas lui-même posé nettement les bases de son gouvernement *colonial*, et tant qu'il laissera supposer que la législation coloniale sera ou absolument la même, ou peut-être plus mauvaise que la législation de la métropole. Ne sachant pas quelles *conditions* on imposera aux colons, le baron suisse demande qu'on ne lui en impose aucune, et qu'il imposera à ses colons celles qu'il jugera convenables. Le fait est que la condition d'un payement quelconque, pour prix de la terre concédée, n'est rien ou presque rien en pareille affaire, et qu'on aimerait à savoir si l'on sera soumis ici, par exemple, à la conscription, à la garde nationale, au jury, aux élections, etc., à enfin un gouvernement parlementaire ; tout ceci est hors de mon sujet, sans doute, mais, en me réduisant à ce que j'ai en vue, il me paraît important de décider comment la propriété rurale doit être constituée ; car de là résulte, non-seulement la forme à donner aux villages, mais l'esprit qui animera leurs habitants, le genre de culture à laquelle ils se livreront, la salubrité de leurs demeures, la sécurité de leurs récoltes et de leur personne, enfin de là résulte la bonne ou la mauvaise colonisation.

Je sais que toute une législation coloniale ne s'improvise pas, et que beaucoup de choses, fort importantes même, ne viennent qu'avec le temps, et à la suite d'expériences ; il n'en est pas moins vrai qu'il y a un ordre selon lequel se présentent les questions à résoudre, et de même qu'il faut d'abord choisir, sur tout l'espace que nous occupons en Algérie, le *lieu* propre à faire le premier village qu'on voudra y fonder, de même aussi quand on fondera ce village, il faudra savoir comment sa propriété sera constituée, savoir si elle sera domaine *de l'État*, domaine *d'associations* ou domaine *d'individus;* ce qui entraînerait plus tard, pour le premier cas, un gouvernement *despotique,* pour le second un gouvernement *oligarchique*, pour le troisième un gouvernement *démocratique*.

De ces trois formes, c'est la forme du *juste milieu* que je préfère pour l'Algérie, surtout en y introduisant, d'une part, au moyen des *actions,* l'élément d'intérêt *individuel;* de l'autre, par une administration *régimentaire*, une dose de *despotisme* indispensable, qu'il ne faudra pas oublier, si, au lieu de fonder des villages militairement, on veut les fonder civilement.

Le Gouvernement a donné l'ordre, à l'autorité civile de Bone, de désigner, près de la ville, un lieu propre à l'établissement d'un village de cinquante familles, et l'ingénieur des ponts et chaussées fait l'étude du projet; il est absent en ce moment et je n'ai pu en causer avec lui, mais je me propose de le faire à son retour. En attendant, j'en cause avec vous.

Je demande d'abord : Pourquoi cinquante familles? Pourquoi un seul village? Évidemment c'est parce qu'on veut faire *un essai*, qu'on ne veut pas s'aventurer, qu'on n'a pas encore d'idée arrêtée sur ce qu'on doit faire. C'est très-sage, mais comme on dit : *Cela n'est pas malin.* J'ajoute que cet essai est très-loin des essais qu'il faudra faire encore, quand on croira avoir un système convenable; je veux dire que, selon le système qu'on voudra essayer, l'essai que l'on fera portera l'empreinte de ce système; or, l'essai actuel ne porte d'autre empreinte que celle de l'ignorance absolue où l'on est de ce qu'on doit faire.

Quand on envoie une commission chargée d'examiner si l'on peut faire une enceinte continue autour de la Mitidja, la commission comprend cette idée, fait un plan et un devis, sous l'inspiration de cette idée; de même lorsqu'on dit à M. Raffenaud : Nous voulons un port militaire à Alger, cet ingénieur comprend très-bien ce que cela veut dire, et il fait un plan avec un devis, même de 22 millions. Mais lorsqu'on dit : Envoyez-moi le plan d'un village de cinquante familles, c'est, par rapport à la colonisation, comme si l'on avait demandé à M. Raffenaud, quant à la question du port militaire, le plan et la coupe d'un musoir de digue de cinquante pieds, sans savoir même s'il faut un musoir, même une digue, pour faire un port militaire à Alger, et s'il faudra un musoir de cinquante pieds, et si les cinquante pieds sont en profondeur ou en largeur; en un mot, envoyez-moi le plan d'un village de cinquante familles, devrait être précédé de cette question : Envoyez-moi un plan de *colonisation* de la plaine de Bône pour des Européens, de même qu'on demanderait à un ingénieur militaire chargé de la *défense* de cette plaine, le plan d'une redoute pour cinquante hommes; car c'est selon la manière dont on conçoit la colonisation ou la défense de la plaine de Bône que l'on peut arrêter qu'il y faut un village de cinquante familles ou une redoute de cinquante hommes, dans tel sens plutôt qu'en tel autre, sous telle forme et non sous telle autre; or on ne sait pas où il faut placer un bloc de pierre, ni quel bloc il faut placer dans le port d'Alger, pour en faire un port militaire, quand on n'a pas de plan de ce port militaire.

20 ou 22 millions pour le port d'Alger, voilà je crois le montant du devis de M. Raffenaud; je voudrais bien voir un plan de colonisation de 20 ou 22 millions avant ce plan de village. Or,

remarquez que si l'on proposait de jeter 22 millions sur *la terre* d'Afrique, chacun serait épouvanté, tandis que je ne serais pas surpris que le projet de jeter 22 millions dans *la mer* d'Afrique passât d'emblée, et cela parce que, malgré l'inconstance du perfide élément, on saura qu'il y a un *système* étudié par *un homme de l'art.*

Les ingénieurs *militaires* ont choisi les emplacements des *camps* qui assurent les communications de la province, et bien des hommes et des capitaux ont été employés à construire ces camps, leurs blockhaus, les établissements qu'ils renferment; et au bout de tout ce travail il y a la sécurité, mais pas un sou de produit: au contraire, des dépenses d'entretien. Quand donc des ingénieurs *civils* choisiront-ils les emplacements des *villages,* qui assureront non-seulement aussi la tranquillité de la province, mais qui y *produiront* enfin quelque chose? Faudra-t-il beaucoup d'hommes et de capitaux pour ce tratravail préparatoire? C'est possible, mais on en a tant mis pour la guerre, pourquoi n'en consacrerait-on pas un peu à la paix? Celle-ci du moins vaudra quelque chose un jour.

Le temps est venu de charger spécialement certains hommes d'examiner cette question, de l'étudier par ordre, par devoir, et d'en finir avec les mille inventeurs, donneurs de projets en l'air; et je vous prie de croire que je me comprends tout à fait dans cette cohue d'inventeurs; je sais très-bien que je n'ai pas *mission spéciale* de me mêler de cette grande affaire, et je suis convaincu que, par cela seul que je n'ai pas mission, je ne suis pas dans une position convenable pour juger l'ensemble et les détails d'une question si compliquée. Je crois avoir le *sentiment général* de ce qu'il y a à faire, mais de même que je n'ai pas *puissance* pour le faire, il doit me manquer la partie de la *science* qui ne s'acquiert qu'en *faisant.*

Mais si l'on veut arriver à un système étudié de la province de Constantine, il m'est impossible de ne pas remarquer que, pour Bône, la direction de nos intérêts civils, plus que celle du gouvernement militaire, est dans des mains trop faibles pour cette tâche; que, par conséquent, il faut que les hommes qui seraient chargés de ce travail soient pris en dehors du corps administratif actuel, qui est peut-être tolérable tant qu'on ne fait rien ici, qui deviendrait intolérable du jour où l'on voudrait y faire quelque chose. Le sous-intendant civil est un homme qui peut avoir des droits à l'indulgence et à l'intérêt; mais, comme on l'a dit dans je ne sais quel journal, c'est presque un crétin. Quant au général, il n'est pas brillant, mais je crois qu'il exécutera toujours passablement les ordres qu'on lui donnera, l'important est de lui donner des ordres; il ferait de la colonisation aussi bien que de la guerre, pourvu qu'on lui dit bien nettement sa consigne.

Je vous envoie, par le courrier, une réponse que je viens de faire au général Létang, qui m'avait demandé mon avis sur son ouvrage, qu'il m'avait envoyé : vous y trouverez, sous une nouvelle forme, mon opinion que vous connaissez déjà sur l'importance relative des trois provinces de l'Algérie, sur le rôle qu'elles sont appelées à jouer, immédiatement et sans doute pour un assez long temps. Le général sera peut-être peu satisfait de cette réponse; si elle ne le vexe pas et s'il l'approuve, je crois que ce serait un homme qui pourrait être fort utile dans cette province, en vue de la colonisation. Parmi les militaires, je ne connais que le général Bugeaud et lui qui aient montré qu'ils avaient compris l'Algérie autrement que comme matière à bulletins, et qu'ils avaient senti dans le soldat autre chose que de la chair à hôpital ou des échelons pour atteindre des grades; d'autres généraux sont peut-être aussi bien pensants qu'eux; mais eux au moins l'ont dit et publié, et l'ont aussi prouvé par leurs actes.

Adieu, quand j'aurai mon courrier, je vous écrirai peut-être encore quelques mots.

Tout à vous.

P. E.

CCXCVII^e LETTRE

A ARLÈS

Bône, 18 novembre 1840.

J'ai votre lettre du 6, mon cher ami; la Saône et le Rhône sont des ruisseaux à côté des torrents humains qui grondent, et pourtant ces ruisseaux renversent tout sur leur passage; que sera-ce donc, à la fonte des neiges qui couvrent les vieilles cimes de notre société; que sera-ce, lorsque les tempêtes seront déchaînées et que des pluies d'orage viendront grossir les moindres affluents du grand fleuve? Certes, Guizot et Soult sont taillés dans le roc, mais ce ne sont pas des digues pour *contenir* et *maintenir* qu'il faut aujourd'hui, ce sont des berges *dans la direction*, fussent en terre, pourvu qu'elles soient assez hautes. En d'autres temps, cette dévastation des fleuves, rapprochée d'un état politique comme le nôtre, aurait suffi pour faire crier aux prophètes : Voici la fin du monde, Dieu brise le sixième sceau! Et les prophètes auraient eu à moitié raison. C'est à une mort et à un enfantement que nous assistons, et la combinaison de ces deux grandes crises humaines, pleines de douleurs, donne au spectacle que nous avons sous les yeux une tristesse solennelle, malgré l'expérience qu'il renferme, malgré l'avenir qu'il annonce et prépare. Les personnes que j'aime, et qui m'écrivent qu'elles sont inquiètes sur moi en Algérie, je leur renvoie mon inquiétude sur elles-mêmes, plus légitime que la leur, car les Arabes, je peux les éviter; la maladie même, avec un régime sain et sage, n'est pas plus à craindre ici qu'ailleurs; mais qui évitera le torrent, et quelle hygiène garantira de son atteinte?

Cette demi-victoire parlementaire qui élève

Sauzet et abaisse Barrot, nouvelle oscillation de la bascule politique, va faire illusion encore une fois au parti auquel il serait si intéressant d'ouvrir les yeux, pour qu'il vît enfin la vérité, pour qu'il pût lui-même changer son nom de *conservateur* et se proclamer hautement *rénovateur* (1).

Plus que jamais ce que je vous écrivais sur le rôle que devaient prendre les défenseurs de l'*ordre* est évident; ils sont perdus s'ils ne ravissent pas la POPULARITÉ aux partisans de la *liberté;* ils sont perdus s'ils se bornent à *résister*. Ne savent-ils donc pas que le Français est incomparable pour l'attaque et qu'il est bien moins brillant à la défense ? Enlevez l'avenir à la baïonnette ; point de retraite vers le passé, même le passé d'hier, marchons.

Heureusement, comme je vous l'ai écrit aussi, dans notre politique à bascule les hommes qui

1. Avis aux vieux partis qui affectent de se dire *conservateurs*, sans s'apercevoir qu'ils s'attachent par là aux destinées d'un passé qui s'en va, et qu'ils se rendent suspects à l'avenir qui s'approche. Quel que soit le nom du régime en vigueur, la perfectibilité humaine se développe irrésistiblement, et, dès lors, les vrais amis de l'ordre doivent s'appeler les *progressistes-conservateurs* et non pas seulement les *conservateurs*.

arrivent au pouvoir sont souvent entraînés à faire le contraire de ce qu'on attendait d'eux, c'est-à-dire précisément ce qu'on attendait de leurs prédécesseurs, et que ceux-ci n'ont pas pu faire, parce que les suites de leur tendance connue épouvantaient. Il est donc possible que le résistant Guizot ne fasse pas de la résistance; de même que M. Thiers a enterré la question des rentes, ajourné indéfiniment la réforme électorale, brisé l'alliance anglaise, rétabli des journaux soldés, et fait une foule d'actes contraires à ce qu'attendaient de lui ceux qui lui avaient donné sa quasi-dictature.

Mais aujourd'hui, il faut plus que des actes involontaires qui jurent avec le caractère réel des hommes du pouvoir; il faut sentir et vouloir ce que l'on fait; il faut avoir toute son âme à son œuvre, et l'âme de M. Guizot a bien une assez haute intelligence du passé, mais elle ignore l'avenir; et lui encore n'y marchera que contraint et forcé.

C'est donc en dehors de ce nouveau ministère qu'il faut chercher des hommes auxquels ce ministère lui-même obéira, qui le maîtriseront et l'entraîneront dans une route contraire à sa nature.

Ce ministère, c'est encore une phase du régime social né de 1830; c'est encore un rouage de cette grande machine qui fait des discours de tribune et des articles de journaux; c'est un des deux mouvements de ce balancier qui tantôt *laisse faire* et tantôt *empêche de faire,* mais qui *ne fait rien* et surtout *ne fait rien faire*, volontairement.

Or, ce mécanisme est bien fatigué et bien usé depuis 1830; et nous sommes en présence d'un effort à accomplir qui dépasse sa puissance; c'est donc encore, à mon avis, un ministère plus transitoire que tous ceux que nous avons eu depuis 1830; en un mot, c'est presque un ministère Polignac (1), dernier terme d'une forme de gouvernement qui a accompli sa tâche.

Que Dieu nous préserve des autres conséquences de cette analogie; ne renouvelons pas la crise de 1830; je vous ai dit dans ma dernière lettre comment l'éviter.

Adieu. — Tout à vous.

P. E.

---

1. Les événements ne tardèrent pas à rendre prophétiques les appréciations d'Enfantin sur l'impuissance des parlemen-

CCXCVIIIe LETTRE

A ARLÈS

Bone, 6 janvier 1841.

Je vois que c'est aujourd'hui que vous revenez à Lyon. Je ne comprends pas comment vous n'aviez pas encore, le 9 décembre, ma lettre du 2, mais aujourd'hui vous l'avez, ainsi que celle du 23, et j'espère que vous en aurez fait l'usage que je désirais. Malgré ce que je vous écrivais le 1er janvier, et quoique nous soyons en 1841, il faut encore que je vous donne ma bourrade. Je ne saisis pas, mais pas du tout, l'utilité de montrer mes lettres à Auguste et d'en envoyer des copies à Michel. Que le brave Holstein n'ait pas le temps pour cela, je le trouve très-naturel, très-légitime et parfait; de même que je serais étonné, s'il n'avait pas de temps pour des copies, que vous ne trouvassiez pas un ou des

taires; et ces appréciations sont pleines d'enseignements applicables encore à notre état politique et social.

copistes pour envoyer copie de ces lettres, si ces envois vous paraissaient utiles, et non-seulement des copistes, mais même des lithographes, voire des imprimeurs, puisque vous avez tant rêvé à l'impression. Ce n'est pas pour le *palais* d'Auguste que j'ai écrit ces lettres, ni pour le cours d'économie politique de Michel : j'aurais tout autre chose à écrire à l'un et à l'autre; ils sont même dans une complète erreur s'ils croient *comprendre* ces lettres ; il n'y a qu'une seule personne qui puisse les comprendre, comme il n'y a qu'une seule personne pour qui elles soient écrites, parce que ce qu'il y a d'important à comprendre là-dedans est très-probablement ce qu'ils doivent eux-mêmes considérer ou comme incompréhensible, ou comme une folie, un rêve, ou tout au moins une illusion ; et je vous dis cela à vous, parce que évidemment vous n'avez pas compris vous-même ma correspondance, son but, sa forme, ce que j'en attends, la pensée qui me l'a inspirée. Il est évident que vous allez dire que si vous n'avez pas compris, c'est aussi un peu et peut-être beaucoup ma faute ; c'est vrai, et je n'en disconviens pas. *Meâ culpâ !* Mais je me hâte de vous dire à quoi tient ma faute, le voici : c'est que vous êtes encore plus artiste que je ne pensais, cher et illustre tambour-major; je croyais que vous sentiriez ce que veut dire une chose *poussée jusqu'au bout;* il paraît que vous ne connaissez pas cela; vous n'êtes pas entêté, têtu, comme il le faut pour comprendre ce que signifie *jusqu'au bout.* L'apostolat princier jusqu'au bout, c'est comme l'apostolat prolétaire jusqu'à la prison, quand bien même il y aurait plus que la prison au bout de l'apostolat princier. Or, voilà que, parce que vous pensez que les princes seront enfoncés, vous avez cru qu'il n'y avait plus à s'en occuper, et voilà pourquoi nous ne nous sommes plus compris, ni vous moi, ni moi vous. Je conçois très-bien que si le métier du soleil levant était de se tourner du côté du soleil couchant, comme le tournesol ou l'héliotrope, vous dussiez raisonner ainsi; mais songez donc que c'est nous qui sommes le soleil levant d'un monde où il doit y avoir place au soleil pour tout le monde, place pour le prince aussi bien que pour le prolétaire. Rappelez-vous que le jour où les chiffonniers ont mis à la porte Charles X et ses calotins, nous avons fait une proclamation où nous disions aux chiffonniers : Enfants de l'avenir, vous avez vaincu le passé, vous vous êtes délivré d'une vieille autorité et d'une vieille croyance ; mais ce que vous avez à faire aujourd'hui, c'est de découvrir le pouvoir nouveau et la foi nouvelle qui doivent régner sur vous. Et qu'avons-nous à dire aux rois ! Ne serons-nous pas obligés de montrer un jour, sur nos états de services, que nous les avons avertis, que nous leur avons dit ce qu'ils devraient faire, que nous avons été apôtres pour eux comme pour tous. Qui vous a dit que le conseil que nous donnons à *un*, quand bien même il ne servirait pas *celui-ci* et à son peuple, n'en sauvera pas *d'autres*, uniquement parce que nous pourrons dire un jour : Voilà pourtant ce que nous lui disions la veille même de sa chute. Paris n'est pas l'humanité, le duc d'Orléans n'est pas toute la race des rois ; ce qui se passe en France se répétera avec de simples variantes sur toute la terre ; nous ne travaillons pas pour un jour seulement, mais pour l'éternité ; ni moi, ni vous, ni le duc d'Orléans, ni tous les rois et peuples vivants, ni la terre, ni le soleil, ne sont Dieu ; mais n'oublions pas que c'est dans le sein de Dieu et en vue de Dieu, pour l'Éternel et pour l'immense que nous travaillons, nous chétifs, auprès d'un chétif prince, dans une chétive génération d'une chétive portion de l'humanité; sans cela nous tombons dans le *chétivisme* nous-mêmes. Dieu, dites-vous, veut encore un nouveau chaos, une omelette retournée, je l'admets; qu'en concluez-vous? Ne rien faire — pas possible, mon vieux, pas possible; j'aimerais encore mieux prendre la queue du diable ou celle d'A....; je vous dis, comme tout le monde, qu'il y a *quelque chose à faire.* Parlez aux hommes du mouvement ou à ceux de la résistance, mais ne vous condamnez pas au mutisme; sous prétexte que le *chaos* approche ne vous jetez pas dans le *néant,* et surtout ne vous congratulez pas dans cette triste pensée que tout seul vous aviez raison quand tous avaient tort. S'ils ont tort, vous avez tort aussi, n'en doutez pas; les saints chrétiens péchaient au moins sept fois par jour, dit-on, et nous ne sommes pas plus saints qu'eux, et nous ne prêchons pas l'*abstinence.*

J'aime beaucoup que les commensaux que vous aviez réunis à votre dîner de garçon aient bonne opinion de mes idées et de ma personne; au point de vue de nos relations d'un jour ou de quelques années, j'en suis enchanté et très-flatté, mais ce n'est pas cela ma principale affaire, et, je vous le répète, ce n'est pas cela qui m'a inspiré mes lettres; je ne vois là dedans matière qu'à politesse affectueuse, ce qui est de la petite bière ou de la tisane de Champagne fort agréable, mais qui n'enivre que les mazettes. Croyez-vous donc que je veux être député?

Vous n'ajouterez pas un mot, dites-vous, à la copie de ma lettre du 28 octobre, FAIRE *qu'il ne se croie pas obligé de vous faire répondre.* Quoi, vous voudriez peut-être qu'il *vous répondît?* Ah! cher maître, cela n'est pas fort. Est-ce que vous avez jamais essayé de faire dire à votre professeur qu'il était un âne, à votre père qu'il était un sot, à votre curé qu'il était un paillard? Et vous voulez confesser un prince *par écrit!* Ce prince est votre prince comme un curé est un curé, un père est un père, un professeur est un maître; est-ce que vous voudriez jouer à la république avec lui? Si vous disiez: Je voudrais bien que les actes du prince me prouvassent qu'il a reçu, lu et compris quelque chose des lettres que je lui envoie, je concevrais votre ambition et votre désir; mais vouloir qu'il vous écrive que vous êtes ou que je suis son prince et son maître, il ne le peut, il ne peut pas même le croire, et toute lettre de lui ne serait que de la politesse banale que je lui sais gré de vous avoir et de m'avoir épargnée. Songez qu'entre le moment où, comme à présent, tout le monde ou à peu près, me croit fou, ou bien usé et vide, comme Auguste disait, et celui où un prince pourra *écrire* que c'est le monde qui est fou, usé et vide, tandis que je suis sage, dispos et plein de raison, il y a un intervalle qui ne pourrait être comblé *rapidement* que par un miracle plus grand que tous les miracles anciens, et que cet intervalle ne peut être parcouru que progressivement. Cette progression vous lasse, mais j'espère qu'en voyant que je ne suis pas fatigué, vous reprendrez plus que jamais force et courage.

Encore une fois, *apostolat princier jusqu'au bout*, dussé-je aller à Gand, comme Guizot, et à la lanterne comme les émigrés; ne voyez-vous pas que nous-mêmes nous aurons à réhabiliter un jour même un Guizot le Gantois, et Charles X, et l'armée de Condé, et que nous défendrons les rois contre les peuples, comme nous avons défendu les peuples contre les rois, afin d'écraser aussi bien l'infâme despotisme que l'infâme anarchie, et de donner enfin au monde l'ordre avec la liberté.

Adieu, vous êtes plus tiers-parti que je ne

croyais ; persévérance est la première vertu *apostolique*, après la foi. — Adieu, à vous.

P. E.

CCXCIX[e] LETTRE

AU GÉNÉRAL SAINT-CYR NUGUES

Bone, 6 janvier 1841.

Mon cher Saint-Cyr, je t'ai dit dans ma dernière lettre que j'avais continué à adresser à Arlès quelques travaux sous forme de lettres, sur l'Algérie et aussi sur notre politique intérieure et extérieure. Par suite des préoccupations actuelles du prince et des voyages ou occupations d'Arlès, quelques-unes seulement de ces lettres sont parvenues en leur temps, et ont été bien accueillies ; les plus importantes cependant ne doivent être qu'en ce moment sous les yeux du prince ou du moins chez son secrétaire M. Boismilon, qui, à deux reprises, a remercié gracieusement Arlès de ces communications. Je ne me dissimule pas toutefois que ceci n'est pas précisément ma mission de membre de la Commission scientifique, mission qui me reste obscure encore, quant au cadre qu'il me faudra embrasser pour mon travail spécial; mais je n'ai pu faire jusqu'ici autre chose que recueillir des renseignements et me former par la vue une opinion sur les principales questions qui pourront se trouver sur ma route, lorsque j'en serai, comme mes collègues, à une rédaction pour l'œuvre commune. Quoique cette correspondance ne soit pas mon œuvre de membre de la Commission, et qu'elle ne puisse par conséquent pas confirmer auprès du *public* le choix qui a été fait de moi pour cette mission, j'espère au moins qu'elle aura justifié auprès du prince ta bonne recommandation; je crois déjà te l'avoir écrit, et si je me répète, c'est qu'un intérêt très particulier m'y pousse; le voici: on dit en général que tout homme public a deux maîtres à contenter et à servir: le public et le souverain. Il est possible que cette règle soit applicable à tout le monde, mais je crois qu'elle ne peut l'être à moi de longtemps. Je *servirai* le public de toutes mes forces, mais je ne le *contenterai* pas de longtemps, non-seulement parce que mes antécédents s'y opposent, mais parce que ce qu'on appelle l'opinion publique me paraît engagé maintenant dans une voie tellement fausse qu'il me serait impossible de la flatter pour lui plaire et qu'ellen'écoute que celui qui la flatte ; en d'autres termes, je n'attends d'être mis en position d'être utile que par en haut et non par en bas, par *nomination* et non par *élection*. Je suis, par nécessité et par goût, je dirais presque par passion, homme du *pouvoir* plutôt qu'homme de la *liberté*, en ce moment surtout. Je pense que tu admettras cette manière d'envisager ma position. Déjà le jour où Charles X était renvoyé de France, il y avait sur les murs de Paris un écrit signé de moi, où je disais : Vous avez détruit l'autorité du passé, c'est bien ; mais il vous faut une autorité nouvelle. Et ce que l'opinion publique nous a le moins pardonné, c'est ce qu'elle a appelé notre autocratie et notre despotisme ; et en effet, particulièrement ce qui est sorti de moi, a été plein de dégoût pour l'anarchie ; j'aurais beau faire aujourd'hui pour prendre goût pour elle, je ne le pourrais pas, et pour le lui faire croire, encore moins. Cette route-là m'est donc fermée et j'en suis enchanté. L'autre, au contraire, tu me l'as ouverte et je t'en rends grâce, le prince m'y a introduit, et je crois que je dois fermement la suivre; il me semble que les braves n'y sont pas trop nombreux pour qu'on puisse se mettre de côté. C'est donc le public et le gouvernement que je veux *servir*, mais c'est le gouvernement seul que je peux et que je désire *contenter*.

Tu me demandais, à mon retour d'Égypte, une espèce de profession de foi; j'ai mis du temps et de la réflexion pour la formuler, il m'a fallu voir la France de plus près que je ne l'avais vue depuis longtemps; sous mes yeux se sont passés et se passent en ce moment des événements bien graves qui ont aidé ma conviction à se faire jour; je te la donne aujourd'hui telle que je la sens, et pour l'exprimer dans des termes qui me ramènent à ma position de membre de la Commission, je dis que je compte plus sur le jugement que le Prince peut dès à présent porter sur moi, que sur l'effet favorable que je pourrai produire un jour, par une publication ethnographique, sur le *public*.

Et ce n'est pas ici une affaire d'affection personnelle qui m'entraîne, malgré la reconnaissance et l'attachement que j'éprouve en particulier pour le Prince; je ne vois pas, comme le disait Courrier, le contenu du pourpoint seulement; c'est pour moi un entraînement très calculé qui me fait croire que du côté du pouvoir est aujourd'hui l'œuvre des âmes bien trempées, comme il fut un temps où la liberté surtout les réclamait. C'est par le pouvoir que ce qu'il y a de légitime au milieu des absurdes cris du radicalisme pourra se réaliser; c'est par lui que nous pouvons éviter une catastrophe qui, si on la laissait venir, serait plus épouvantable encore que celle de 93, car elle serait cette fois européenne et pour ainsi dire Universelle.

Peut-être me demanderas-tu quelles conséquences pratiques je déduis pour ma position de l'exposé de principes que je viens de faire; je serais fort embarrassé de te répondre, c'est-à-dire qu'il me serait impossible d'indiquer comment, où et à quoi je pourrais être plus utile que dans la presque inutile fonction officielle que me donne le titre de membre de la Commission d'Algérie; mais j'ai la conviction que même ce que je pourrai faire de bon dans la Commission sera en dehors du cadre purement scientifique qu'on s'est proposé sans doute de remplir, et que ce sera par des vues d'organisation, de politique, que mon travail pourra avoir quelque importance ou du moins de l'utilité.

Je t'embrasse de tout mon cœur.

CCC[e] LETTRE

A ARLÈS

Bone, 12 février 1841.

Mon cher ami,

J'ai besoin des lettres d'Europe pour comprendre la nouvelle que vous me donnez, et que font entrevoir les journaux de l'Alliance russe. Je ne crois pas qu'il soit donné à Louis-Philippe de parvenir à un pareil résultat; M. de Barante d'ailleurs n'est pas un Talleyrand; il y a un homme qui, je le crois, y a travaillé avec assez d'habileté et de zèle, M. de Saint-Aldegonde, mais je ne le crois pas d'une étoffe très-large non plus, quoique sa diplomatie soit certainement gracieuse, de bon goût, et dévouée, digne d'un gentilhomme. Je crois bien que, maintenant que l'affaire de Méhémet-Ali est faite, toutes les chances sont favorables pour rapprocher la Russie de nous; mais je ne vois pas aussi bien l'intérêt que nous aurions à nous rapprocher trop vite d'elle, et comme pour faire pièce à l'Angleterre. Si les Anglais nous ont planté là pour agir à Alexandrie, la Russie pourrait bien ne nous donner la main que pour agir à Constantinople; et alors nous serions les dindons de la farce des deux côtés: laissé ou pris selon le bon plaisir du léopard ou de l'aigle, notre coq gaulois ressemblerait beaucoup à l'oiseau des Jésuites. Je crains donc non pas l'alliance russe, mais une fausse alliance au lieu d'une sainte alliance; et si j'ai dit que je ne croyais pas Louis-Philippe destiné à réaliser avec la Russie l'Alliance, c'est que j'entendais par ce mot une alliance sainte, au profit des associés et du monde tout entier. M. Guizot surtout ne me paraît pas l'homme pour pareille entreprise.

Vous avez bien raison lorsque vous dites que la position de l'empereur Nicolas et celle du duc d'Orléans sont tout à fait hors ligne, mais vous avez tort de ne pas mettre également hors ligne celle de M. de Metternich. A eux trois, ils occupent les trois plans d'où les gouvernants peuvent voir tout ce que peuvent voir les gouvernants de nos jours. Empereur régnant, héritier présomptif et ministre à Pétersbourg, Paris et Vienne, cela embrasse toute la politique européenne. Entre la tête de M. de Metternich et le bras de l'Empereur de Russie il faudrait qu'un cœur français se glissât pour mener à bonne fin les affaires d'Europe. Tant que ceci ne sera pas arrivé, la Russie et l'Autriche ne *sentiront* pas, n'aimeront pas le mouvement imprimé d'abord par la France et dont la France elle même doit être et sera le véritable et seul modérateur en Europe. Ils n'ont pas cru encore jusqu'ici devoir soutenir l'*usurpateur,* Louis-Philippe, parce qu'ils n'ont pas senti que Louis-Philippe était le premier moteur de cet instrument modérateur, ou plutôt qu'il était lui-même l'instrument providentiel, sous la forme *quasi*-légitime qui pouvait seule convenir à cette époque ; ils n'ont pas senti qu'avec le *quoique* de M. Dupin et le *parce que* de M. Guizot, la France se trouvait condamnée, pour quelque temps et pour le bonheur du monde, à peu d'*action*, mais aussi à pas de *réaction ;* qu'en un mot une *instauration* valait infiniment mieux qu'une *restauration,* de même qu'une évolution est préférable à une révolution. Je ne joue pas du tout sur les mots, quoique j'en aie l'air ; depuis dix ans la France, par Louis-Philippe surtout, a donné des gages de sa volonté modératrice ; malheureusement, pour y amener la France, il a fallu, non pas l'y entraîner par enthousiasme, mais l'y pousser avec une adresse, une finesse, une ruse, disons le mot, qui n'a excité en faveur de l'instrument modérateur, soit en France, soit à l'étranger, qu'une grande estime pour le *talent* déployé, tandis qu'il devrait y avoir plus que cela pour l'homme qui, au risque quotidien de ses jours, a calmé, sans aucun secours de l'Europe et même en se défendant de son mauvais vouloir, les bouillonnements de 1830. L'Autriche et la Russie n'ont pas été plus justes que la France elle-même pour Louis-Philippe, et je crains bien que l'empereur Nicolas et M. de Metternich ne devancent pas de beaucoup le jugement plus équitable de la postérité; elle seule tient un juste compte des difficultés de position qui obligent d'employer des moyens qui dans toute autre position paraîtraient peu convenables; vouloir que Louis-Philippe gouverne comme peut gouverner l'empereur de Russie ou l'empereur d'Autriche, serait une absurdité; mesurer un roi constitutionnel, au sortir de notre grande révolution, de notre plus grand Empire qui a tourné la tête aux Français plus encore que ne l'avait fait 93, et au sortir de notre Restauration qui nous avait blessé au cœur, mesurer, dis-je, un roi constitutionnel à l'aune de Pierre-le-Grand ou de Joseph II, ce serait monstrueux d'iniquité.

Oui, jusqu'ici nous avons rusé; sans cela comment s'expliquer que M. Thiers ait pu arriver à une destinée si haute? Nous avons rusé avec la France et avec l'Europe, et nous rusons encore, je le regrette, mais à qui la faute? Est-ce que la France et l'Europe n'ont pas été également folles avec leur défiance et leur réserve à l'égard de l'homme qu'elles devaient également soutenir dans la grande tâche qu'il entreprenait; est-ce que le cœur ne dicte rien de plus à la diplomatie européenne qu'un froid compliment de félicitation à chaque balle qui frise notre couronne royale de France? L'empereur Nicolas et M. de Metternich, quoi qu'ils en pensent, sont tout autant que le *National* et M. le vicomte de Cormenin, complices de Fieschi et d'Alibaud.

J'aurais aimé que Michel vînt dire pareille vérité au prince Metternich, lorsque celui-ci lui exprimait l'espoir qu'il fondait sur nos personnes modifiées par l'âge et l'expérience; les souverains de l'Europe ont aussi besoin de modifier leur politique à l'égard de la France, car ce sont eux qui donnent force à nos révolutionnaires, et comme il est impossible de leur supposer la machiavélique pensée de nous pousser volontairement à une catastrophe, c'est à leur ignorance des véritables intérêts de l'Europe que nous devons attribuer leur conduite.

A vous.

P. E.

CCCI[e] LETTRE

AU GÉNÉRAL SAINT-CYR NUGUES

Philippeville, 20 février 1841.

J'ai reçu à Bone, en revenant de La Calle, ta bonne lettre du 23 décembre, mon cher Saint-Cyr ; je te remercie de me l'avoir écrite aussi longue et aussi détaillée.

Arlès m'a envoyé par le dernier courrier une lettre encore très-flatteuse pour moi que lui écrit M. Boismilon, après lecture de deux lettres que j'avais envoyées sur l'affaire d'Egypte, et que le prince emportait, dit-il, à Saint-Omer, dans son portefeuille de voyage, pour les relire plus attentivement. Depuis lors il lui a encore envoyé deux longues lettres de moi, l'une sur l'organisation du travail par le développement de l'institution des prud'hommes, l'autre sur la politique générale, et plus particulièrement sur notre situation intérieure. Le prince avait reçu ces deux lettres au camp de Saint-Omer.

J'ai fait depuis lors, avec mon hôte, Marion le juge, un assez long travail sur la constitution de la propriété *dans les tribus* de l'Algérie ; ce travail, qui a, je crois, de l'intérêt, me servira pour la publication de la Commission.

A Bone et ici je vois tout le monde préoccupé de la nécessité de coloniser ; mais j'ai beau causer avec les plus intéressés et les plus éclairés sur cette question, je ne trouve rien encore chez eux qui me paraisse proposable et praticable ; les utopies ne manquent pas ; mais les uns raisonnent comme s'il n'y avait pas d'Arabes ; les autres comme s'il n'y avait pas même de France, c'est-à-dire sans tenir compte des opinions ou préjugés, ou intérêts, ou formes administratives et politiques qu'il faudrait d'abord détruire ou faire naître, et qui sont obstacles ou conditions indispensables de leurs projets.

Des informations que j'ai reçues ici de plusieurs côtés s'accordent toutes à me présenter le général de Létang comme *incapable* d'avoir fait son ouvrage (qu'on attribue à son ancien aide de camp nommé Montauban), et comme un homme que le gouvernement d'Oran écrasait ; bon et brave colonel, mais voilà tout. Je regrette un peu de n'avoir pas su cela plutôt, peut-être cela ne m'aurait-il rien fait supprimer de ma lettre, mais j'aurais exprimé autrement ma pensée dans divers passages.

On dit que le général Duvivier, épuisé, rentre en France, ce qui ouvre encore plus sûrement la carrière où l'opinion générale pousse Lamoricière, et qui le conduira très-probablement un jour, et assez prochainement, au gouvernement général de l'Algérie. Si le général Bugeaud partage lui-même cette pensée, le rôle qu'il aura à remplir sera fort beau, fort noble et excessivement rare ; il aidera son successeur futur à arriver le mieux possible à la destinée qui lui est assignée, au lieu de le jalouser et de chercher à s'en défaire. J'aime à le croire capable de pareille chose ; c'est une espèce de miracle de nos jours, mais le général Bugeaud n'est pas un homme ordinaire.

Ce que tu m'écris relativement à la visite que tu te proposais de faire à M. Laurence me fait penser que tu ne comptes pas beaucoup plus que moi sur le directeur des affaires d'Alger pour m'aider à trouver ce que tu espères pour moi, la considération et l'emploi de mon temps tel que je le désire. De mon côté, je suis à peu près certain que le chef qu'on nous a donné n'aura pas meilleure disposition à mon égard, ou du moins que ni l'un ni l'autre ne prendront intérêt à moi qu'autant qu'ils croiraient avoir eux-mêmes intérêt à le faire, ce qui ne saurait être dans leur pensée aujourd'hui. Je pourrais presque dire qu'ils ne m'aideront que contraints et forcés, uniquement parce qu'ils me verront aidé par plus fort qu'eux. J'ai donc toujours à résoudre le problème que j'ai agité souvent avec Arlès et avec toi, et que nous avons jusqu'ici résolu provisoirement par une relation très-indirecte avec le *prince*, et par un délaissement complet de tout appel à l'*opinion publique*. Il n'en faut pas moins que je me mette en mesure de *publier* un jour quelque chose, malgré mon peu de disposition à prendre cette voie qui répugne, comme je t'ai déjà écrit, je crois, au sentiment que j'ai de l'autorité, du pouvoir, de la politique. Autant l'homme politique de nos jours éprouve le besoin et la disposition de rechercher les votes de ses *électeurs* pour arriver à une position, autant je me sens entraîné (peut-être par réaction contre l'exagération où nous sommes allés en France dans cette direction anarchique) à rechercher l'approbation *du pouvoir* pour arriver à une position où je puisse être utile au *public*. Tu me parais satisfait des efforts que j'ai faits dans ce but auprès du prince, et tu m'engages à les continuer; mais je crois que j'approche du moment où j'aurai à peu près épuisé cette forme provisoire et indirecte, dont je dois craindre d'abuser, et qui pourrait lasser le prince plus encore que moi. Je nomme d'ailleurs cette forme *provisoire*, parce qu'elle est toute volontaire de ma part, et qu'il n'en saurait être ainsi dès que le prince aura pu juger, par cette épreuve prolongée, si je peux et à quoi je peux lui être utile, car alors probablement il ne se bornera pas à attendre de moi des lettres sur les sujets qui peuvent me passer par la tête, mais il indiquera ou mieux encore ordonnera ce à quoi il désirera que j'emploie mon temps, et même le sien, que je suis exposé d'un jour à l'autre à lui faire perdre, si je m'abandonne à écrire pour lui sur des sujets qui pourraient lui sembler fort peu intéressants.

D'après les sujets que j'ai traités dans mes

précédentes lettres, où les affaires d'Algérie n'occupent que la place qu'elles ont dans notre politique française, il m'est impossible de conclure que l'intention du prince soit que je m'occupe de l'Algérie plutôt que d'autre chose; il est possible qu'en effet je doive continuer quelque temps encore à parler sur plusieurs sujets, mais je crois qu'il viendra un moment où il sera bon que j'en prenne un spécialement et uniquement; j'ignore si ce devra être l'Algérie, mais je sens que pour me mettre à l'œuvre de tout cœur, j'aurais besoin d'être encouragé à choisir positivement tel ou tel sujet, et d'avoir pour ainsi dire l'*ordre* de m'abstenir de tels et tels autres sujets, jugés en dehors de mes attributions. En un mot (et je viens de le dire) j'ai besoin de savoir quelles sont ou quelles seront mes *attributions*, dans quelle route je dois marcher, si je dois viser à l'Académie des sciences morales, ce qui ne serait pas du tout de mon goût, ou bien à toute autre carrière dans les mille chances probables qui s'ouvrent, comme tu le dis, à toutes les facultés et à tous les talents.

Dans toutes ces chances, je l'avoue, il n'y en a qu'une seule qui me plaise, et elle ressemble beaucoup à celle où je me trouve en ce moment, c'est-à-dire qu'elle m'en paraît le développement naturel et désirable. Tu l'as exprimé en me conseillant de tenir *entr'ouverte cette porte qui me conduira plus tard à une confiance plus explicite*. C'est donc cette confiance plus *explicite* qu'il faut m'efforcer d'obtenir, c'est-à-dire que je dois faire mon possible pour que le prince *explique* quelle confiance il a en moi ; en d'autres termes, il faut que les compliments se résolvent en quelque chose de net, qui m'aide et m'indique la route ; il faut qu'à ma demande on réponde, qu'à mon offre de services on ordonne, qu'à mon désir de faire on dise : Fais *cela*.

Or, ceci est le difficile, je le sais, et je suis loin de penser que je puisse arriver là par mes propres forces ; mais je compte sur toi.

Je reviens encore à ces lettres que j'ai écrites et que tu ne connais pas toutes : si les compliments sont sincères, et je l'espère, ces lettres m'assigneraient un rôle utile, ou en Algérie, ou en Egypte, ou à Vienne, ou à Paris ; je dirais presque partout, mais j'ajouterais aussi nulle part ; c'est-à-dire que je conçois très-bien que le prince soit tout aussi embarrassé que moi pour découvrir à quoi je suis *spécialement* bon ; et ceci même est une raison très forte pour que je cherche, ou à me spécialiser, ou au contraire, si je m'y sentais autorisé, à me tenir dans cette sphère générale où doit vivre l'esprit des princes, et dans laquelle ils ont besoin de trouver des interlocuteurs, des confidents, des excitans, ce que les anciens appelaient quelquefois des *fous* ou quelquefois des *prophètes,* rôle qu'ont joué aussi les poëtes et les confesseurs, les mignons et les grands courtisans ; et je prends de beaux et de vilains exemples uniquement pour rappeler l'influence, le rôle de ces hommes, en mal ou en bien, mais enfin leur destinée dans la politique humaine.

Je crois *connaître*, sans toutefois les partager, les sentiments, les idées et les besoins de la génération qui arrive en ce moment à la vie politique; je crois *avoir* (peut-être prématurément pour mon bonheur personnel) une grande part des sentiments, des idées et des besoins de la génération qui succédera à celle-ci ; c'est avec ces désirs anticipés, mais que je crois justes et bons, et avec cette expérience de 45 ans qui me paraît avoir été faite dans des circonstances très-favorables à l'étude de la génération active, que je sens pouvoir apporter quelques éléments de succès au prince qui doit régner sur cette génération *de transition*, et préparer la venue de la génération nouvelle.

Voici ce que je dirais au prince si je lui parlais, mais je ne saurais le lui écrire; tu jugeras si tu peux l'aider à le deviner et si tu dois le faire; je t'ai dit toute ma pensée et je te demande en grâce de la combattre si tu la crois fausse; car je suis convaincu, comme je te l'ai déjà dit et répété en toute vérité, que je ne peux marcher avec pleine confiance dans le monde qu'autant que tu comprendras et approuveras ma marche.

Je t'embrasse de tout mon cœur.

P. E.

CCCIIe LETTRE

—

A ARLÈS

Philippeville, 4 mars 1841.

Voici trois lettres fort longues, et que je ne vous donne pas comme les meilleures que j'aie écrites, parce que j'étais ennuyé de ne pas avoir de nouvelles, et de l'incertitude où cela me met pour une marche ultérieure. Encore aujourd'hui le courrier n'est point arrivé, et la mer est toujours assez mauvaise, ce qui va nous renvoyer jusqu'à la semaine prochaine. J'aurais eu le temps de vous faire encore un volume, et la matière ne me manquerait pas si j'avais le ciment d'inspiration indispensable pour la lier convenablement. Ici plus qu'ailleurs il faudrait, pour avoir du cœur à écrire, croire que ce qu'on écrira sera un moyen de faire *faire* quelque chose *de suite.*

Ma première lettre sur Soliman devrait, autant que possible, être remise en mains propres et tête à tête; vous verrez bien que son but réel est dans la dernière phrase; je voudrais inspirer au Prince le désir de faire quelque chose d'aimable pour Soliman; ceci est dans la nature du prince, et je crois qu'il est bien de lui indiquer les hommes sur lesquels sa grâce première doit tomber, non-seulement dans une vue politique, mais aussi simplement par impulsion d'un cœur qui aime la bravoure, la générosité, la fidélité, toutes vertus de Soliman.

Quant aux deux autres lettres, elles sont

lourdes et pâteuses, à mon avis, mais il est possible qu'elles aient bon résultat. Je crois qu'il est bon que le prince s'habitue à voir dans Lamoricière qui est né sous le règne de Louis-Philippe, un des plus utiles instruments de son propre règne, et il me paraît bon aussi, au moment où on ne lui parlera de l'Algérie qu'en vue de la *campagne* prochaine, que je lui rabâche toujours la *colonisation* vers l'est.

J'écris aussi une longue lettre à Saint-Cyr, où sont reproduites en partie les idées des lettres que je vous envoie, et où je lui parle aussi de moi.

Je n'ai pas voulu, en parlant de Bugeaud, vous rappeler les vœux que j'avais formés dans une de mes anciennes lettres pour sa venue en Algérie, non-seulement parce que je suis très-convaincu que mes vœux n'y ont été pour rien, mais parce que je chercherai toujours à éviter ce qui pourrait faire penser que je me crois la mouche du coche, et que je m'attribue, même dans notre intimité, la moindre des choses auxquelles j'aurais pu participer comme provocateur sournois. Les princes sont comme les femmes : ils n'aiment pas qu'on se vante des succès qu'on a eus près d'eux ; ils aiment et veulent de la *discrétion*, et ils ont raison. Je vous le dis encore, à propos de la communication de mes lettres, parce que je crois avoir à combattre en vous le besoin que vous avez de me faire aimer par tous comme vous m'aimez; tandis que je crois que notre seul but actuel est d'amener *une seule* personne à avoir un peu plus que de l'estime pour moi. A la première édition de votre rêve, vous pensiez que je devais être l'inspirateur des *journalistes*, à la seconde celui des *députés*, à la troisième celui des *ministres ;* passez tout de suite à la quatrième, *un prince*, pour arriver plus tard à la cinquième; celle-ci s'imprimera le jour *des Rois*, et il faudrait que ce jour fût celui où le duc d'O. tirera la fève. — Tout à vous.

P. E.

CCCIII^e LETTRE

A ARLÈS

Philippeville, 6 mars 1841.

Malgrés mes précautions, mes lettres ont été adressées à Bone comme précédemment. Le bateau arrivé hier ne m'a rien apporté de vous, ni de Saint-Cyr, ni de Curson; j'ai écrit de suite à Bone pour que le retour du bateau, après-demain, me rende mon courrier attendu; — au reste, comme le général Bugeaud arrive ces jours-ci pour visiter la province, et que j'ai été présenté hier au général Négrier, parti aujourd'hui pour Constantine, par le général Lafontaine, parti hier pour Bone, je serais, dans tous les cas, resté dans cette province. J'irai donc à Constantine dès que j'aurai mes lettres revenant de Bone, c'est-à-dire dans quatre ou cinq jours.

On parle beaucoup d'intentions colonisatrices, et la visite immédiate du général Bugeaud est un bon témoignage de ces intentions; le général Lafontaine dit qu'il a deux millions à sa disposition pour commencer à Bone, et il paraît croire que lorsqu'on a l'argent tout est dit, et que le reste ira tout seul; tandis qu'au contraire rien n'est plus facile que d'avoir et de semer l'argent de la France en Algérie, mais qu'il est fort difficile de l'y semer *comme il faut*. Jusqu'ici les écrivains politiques et le gouvernement n'ont rien publié qui annonçât qu'on eût sur cet épineux sujet des idées arrêtées, un système, une règle de conduite; il est donc à craindre que l'on continue de marcher en aveugle dans cette carrière où naturellement et historiquement les Français sont si peu distingués.

Quant à ce qui me concerne, j'espère que ceci va être pour moi l'occasion de voir si je suis jugé bon à quelque chose en Algérie, ou bien si je n'ai plus rien à y faire. Je m'y sentirais fort mal à l'aise si je ne devais y jouer qu'un rôle de critique amateur, racontant les fautes que l'on commettra, et si les hommes qui auront *pouvoir de faire* ici, au lieu de me traiter officiellement comme un aide et presque un *conseil*, ne peuvent voir en moi qu'un surveillant de leurs écoles coloniales, de leur éducation de fondateurs de peuples. J'ai très-bien supporté cette triste position auprès de militaires, faisant de la bataille, parce que cela n'est pas du tout mon métier, et que sur ce sujet je n'ai absolument rien à dire, si ce n'est que pour cesser le plus vite possible la guerre, il faut faire le plus vite et le mieux possible de la colonisation ; mais dès que ces messieurs à étoiles en viennent à faire les Cadmus, les Cécrops, les Solon et les Lycurgue, je ne pourrai leur être que très-désagréable ou au contraire utile : dans le premier cas, je devrais filer au plus vite, dans le second, je désirerais leur être présenté autrement que comme membre de la commission scientifique, et autrement surtout que par mon honorable chef le colonel Bory de Saint-Vincent.

Si donc vous allez à Paris, je vous recommande de savoir positivement à quoi l'*on* me croit bon en Algérie, et si ce n'est pas seulement à y faire de l'ethnographie, demandez qu'on me mette à même d'y faire convenablement autre chose, c'est-à-dire ce à quoi l'on me jugera bon.

Vous concevez que ce n'est pas une *place* que je demande, et que mon titre de membre de la Commission peut fort bien s'allier avec la position que je désire avoir auprès des faiseurs de colonisation ; ce n'est pas une place, c'est une parole qui me permette de prendre à mon tour la parole, sans avoir l'air de me mêler de ce qui ne me regarde pas, afin qu'on ne me renvoie pas paître avec mes races plus ou moins humaines, dont je suis officiellement chargé d'étudier le crâne, l'angle facial, les cheveux et jusqu'à ce qui ressemble le plus à des cheveux.

7 mars. — Je viens de lire les deux proclamations du général Bugeaud; elles sont fort belles l'une et l'autre; il semblerait qu'elles devraient m'engager à supprimer mes lettres d'aujourd'hui. Je ne le fais pas cependant, parce que je reste convaincu que les *intentions*, quoique fort bonnes, ne *pourront pas* encore se réaliser.

Adieu. — Je ferme ma lettre parce que la mer étant mauvaise, le bateau s'arrêtera ici le moins qu'il pourra. Je vous serre la main et j'embrasse la famille d'Holstein.

P. E.

CCCIVe LETTRE

A ARLÈS

Philippeville, 8 mars 1841.

J'ai mis mon gros paquet à la poste, mon cher Arlès, et je reçois à l'instant par retour de Bone vos deux lettres des 5 et 12 février, et rien de Saint-Cyr. Je m'embarque donc demain, mais sur un mulet, et je pars pour Constantine, où je verrai avant peu le général Bugeaud, sans savoir sur quel pied danser avec lui.

Je crois vous avoir écrit que je serai tout à fait étranger à l'affaire de Rodrigues, dont je me félicitais cependant; j'aurais dû ajouter que je m'en féliciterais surtout s'il faisait ce que Michel n'a pas fait et ce qu'il ne devait pas faire, lui Michel, c'est-à-dire s'il ne *passait pas sous silence,* comme dit Charles, les idées morales, et je suis surpris que Charles paraisse désirer que ces idées soient plus longtemps passées sous silence, malgré l'article du 12 janvier 1832 dans le *Globe*, malgré son superbe drame de la cour d'assises des 27 et 28 août; Charles n'a qu'à gagner lui-même à ce que Rodrigues remue ces idées, et puisqu'il ne craint pas les boulets de canon qui passent par votre canal, je vous prie de lui envoyer celui-là.

Quant au journal en lui-même, je doute qu'il se fasse, et que ce soit en définitive un journal, et surtout un Patriote, et encore un patriote de *1840* qui sorte du mouvement que se donne Rodrigues. Dans la liste des souscripteurs, je ne vois pas d'Eichtal et j'y vois Cazeaux; c'est qu'il n'y a pas là un *fait*, mais seulement une *idée*. Charles souscrira *peut-être*, mais vous, je ne sais ce que vous feriez là.

Vos deux lettres d'envoi au Prince et à M. Boismilon me font plaisir, et j'attends avec impatience la réponse qu'on y fera.

Pour occuper mon temps, ces jours derniers, j'ai écrit les trois feuilles que je vous envoie. Elles sont burlesques sur un grave sujet, et plaisantent avec un homme qui ne me paraît pas du tout plaisant, mais au contraire d'une taille haute et sévère. Voyez l'effet qu'elles vous feront. Je vous les laisse telles quelles; faites-en ce que vous voudrez. Sauf une seule condition : c'est, si vous les envoyez à V. Hugo, de ne les faire lire à personne, Holstein excepté, qui les copierait; et, si vous ne les lui envoyez pas, de les mettre de suite au fond de votre portefeuille sans les faire copier.

Si vous les envoyez, vous avez, je crois, deux manières : ou de les envoyer telles qu'elles sont, sans signature et sans billet d'envoi, sous enveloppe et par la poste : ou de les remettre vous-même; mais alors vous diriez, je vous prie, à M. Victor Hugo : que je demanderais pardon à Dieu d'avoir écrit si lestement son grand nom, et à M. Hugo de m'être permis avec lui, que je respecte et que j'admire, une telle plaisanterie, si je n'étais pas convaincu que Dieu sait et que M. Hugo sait aussi que depuis longues années mes joies et mes plaisirs sont rares, et qu'une boutade peut m'être pardonnée.

J'ai deux lettres de Lambert, du mois de janvier. Bruneau était toujours à Damiette, ainsi qu'Edhem-Bey. Lambert Pioche avec Linant, les deux projets du canal de Suez et du barrage du Nil. Machereau fait des comédies et les joue; ils font tous des enfants et ne reçoivent pas d'argent. Les appointements s'escomptent à 35 et 40 p. 0/0; malgré cela, leurs petites épargnes précédentes les tiennent personnellement au courant.

Dites à Holstein que je *les* félicite, — et qu'Arthur m'écrit qu'il ne reçoit plus la continuation de son histoire de Napoléon ; je croyais qu'Holstein la lui avait envoyée complète. Arthur croit peut-être que Napoléon vit toujours ; voyez le malin ! — J'ai reçu une assez gentille lettre de lui.

Adieu, mon cher ami, je vais fermer mes malles et faire tous mes préparatifs pour demain matin.

A vous,

P. E.

CCCVe LETTRE

A ARLÈS

Philippeville, 12 mars 1841.

Mon cher Arlès, n'ayant pas eu de lettre qui me permît de me présenter au général Bugeaud autrement que comme un étranger, je n'ai pas vu de raison pour me presser d'aller au-devant de lui à Constantine, et j'ai préféré attendre le grand convoi qui part demain. Comme le courrier d'Alger pourrait passer ici pendant mon absence, je laisse à la poste cette lettre pour vous, qui vous annoncera définitivement mon départ pour Constantine. Je croiserai probablement après-demain le Gouverneur sur la route, où je passerai très-incognito.

Les bruits qui courent sur les intentions que l'on prête au Gouverneur sur la province sont si mal établis, quoique très-généralement répandus, que j'aurais voulu attendre d'être plus amplement informé pour vous en parler ; cependant ils paraissent problables, et comme l'influence de ces idées peut être fort grande sur cette portion de l'Algérie, je veux vous en dire quelques mots.

On dit que le Gouverneur, après avoir fait abandonner et détruire quelques camps de la Mitidjah, va faire détruire la presque totalité de ceux qui existent dans la province de Constantine, pour y substituer le système unique des colonnes mobiles. J'ai peine encore à le croire, quoique ce soit en effet un système connu et que le général Bugeaud ait exprimé plusieurs fois cette opinion, parce qu'il l'avait émise avant de connaître Constantine, et que cette idée était parfaite pour les lieux où il y a guerre active à faire et impossibilité d'*établissements pacifiques,* tandis qu'au contraire elle me paraît ruineuse pour ce pays.

On dit encore qu'il s'oppose formellement, par l'organe du général Négrier, à ce que des officiers français, se dévouant entièrement à ce pays, soient Kaïds de tribus arabes, et qu'ainsi Saint-Sauveur et Allegro quitteront leur poste des Edrid et des Zenuti.

Je suis loin de croire, malgré toute mon estime pour le général Bugeaud, que six jours lui suffisent pour connaître ce pays ; cependant j'espère que, comme chez tous les véritables hommes d'action, ce passage rapide dans ce pays, qui lui est inconnu, modifiera sa pensée, sans qu'il ait besoin pour cela d'une longue pratique des hommes et des lieux. Pourtant, je vous l'écrivais dans mes dernières lettres, je crains que la province de Constantine ne soit le lieu où il devra faire des fautes. Les Gouverneurs s'éclairent certainement plus vite que les pauvres diables qui vont quêter à droite et à gauche, presque au hasard, des renseignements souvent insignifiants, mais pourtant ils n'ont pas la science infuse et le temps est nécessaire à tout le monde; l'étude est un devoir, une nécessité pour tous les hommes.

Le général paraît être venu ici avec un plan tout fait, et je le conçois très-bien pour Alger et Oran, et principalement pour la campagne contre Abd-el-Kader; mais je crois encore qu'il sera assez sage pour attendre quelque temps, avant de se former un système applicable à cette province, surtout si ce système était une révolution, par rapport à ce qui se faisait avant lui.

Or, l'abandon des camps et leur remplacement par des colonnes mobiles, c'est le renoncement aux communications continues, promptes et sûres qui existent ici et n'existent qu'ici; c'est l'abandon du travail continuel fait aux routes, du contact fréquent avec la population indigène, de la connaissance du pays par cercles étendus, du maniement journalier de la politique et des mœurs des tribus; c'est le gouvernement turc par des accès irréguliers de terreur, au lieu d'un gouvernement français par la vue permanente de la force et de la justice. Enfin, c'est se priver d'un élément indispensable de colonisation, puisque chaque centre de force militaire peut être un appui pour la force pacifique.

De même, s'opposer à ce que des officiers français fassent leur apprentisage de la langue, des mœurs et de la politique des Arabes, en se fixant au milieu d'eux, dans certains lieux voisins de nos villes et de nos plus grands camps, c'est se priver du seul moyen de former des hommes pour l'Afrique, et c'est certainement parce que MM. Duvivier, Lamoricière, Cavaignac ont commandé *militairement* des Arabes, qu'ils sont devenus des *militaires* si importants en Algérie; il en serait de même pour l'avenir *pacifique* de ce pays, si quelques Français se mêlaient de l'administration et du gouvernement *civil* des tribus, surtout si ces nominations n'étaient pas imposées, mais demandées par les tribus elles-mêmes. Or, il est de fait que plusieurs tribus ont demandé et préfèrent un officier français à leurs compatriotes et coreligionnaires voleurs.

On m'a assuré qu'Allegro avait répondu au général Négrier : « Je sers depuis huit ans la France, mais je suis Arabe, et je renonce à mon épaulette pour cultiver simplement la terre, dans la tribu qui m'a accueilli et que j'ai choisie.

Saint-Sauveur, qui avait amené ici sa vieille mère et réalisé en France son petit patrimoine, pour se vouer tout entier à ce qu'on a bien voulu appeler notre nouvelle France, sera sans doute encore plus désappointé.

Je vous le répète, j'espère encore que les bruits sont faux, ou du moins que le Gouverneur, après avoir vu, reviendra sur cette première idée qui peut être nommée très-justement préjugée.

D'un autre côté, les proclamations colonisatrices du Gouverneur commencent à faire fermenter quelques têtes de colons. Ici plusieurs d'entre eux veulent former une grande société et se faire faire une concession considérable de terres; d'autres, petits jardiniers, qui ont gagné quelque argent depuis deux années, voudraient, moins ambitieux, obtenir un petit lopin où ils pussent faire du grain, planter des arbres, cultiver enfin au lieu de jardiner simplement. les premiers me paraissent désirer plus qu'ils ne peuvent; ce sont en général des bourgeois, brocanteurs, marchands de vins et liqueurs ou épiceries, mais non agriculteurs; les seconds, au contraire, me semblent présenter une base en apparence moins large, mais plus solide, et en quelque sorte déjà éprouvée. Mais les premiers parlent et écrivent, mal ou bien; il est à craindre qu'ils ne soient les mieux écoutés et les premiers satisfaits. Du reste, personne ne connaît encore les intentions du Gouverneur à cet égard, sauf ce qu'il a dit à Alger sur ses villages fortifiés; et sous ce rapport encore, la vue de la province de Constantine doit nécessairement modifier les idées qu'il a conçues à Oran et pour Oran.

On annonce l'arrivée de deux princes pour la campagne, et beaucoup s'en affligent; quant à moi, je m'afflige seulement de ce qu'on trouve toujours les princes prêts à faire la guerre, lorsqu'il y a ici les plus belles campagnes pacifiques à faire, de véritables lauriers à cueillir, des milliers de soldats français à sauver de la mort d'hôpital par une administration ferme, des tribus qui ne demandent qu'à être gouvernées et qui ont besoin de l'être, des terres admirables à offrir à tant de Français qui sèment misérablement en France un maigre seigle sur des cailloux, un climat délicieux qui cessera d'avoir ses jours mortels, dès que la culture aura remplacé quelques terres marécageuses par de beaux champs arrosés avec des canaux habilement tracés.

Que les frères du duc d'Orléans aillent donc encore guerroyer, c'est de notre temps, à ce qu'il paraît; mais, pour Dieu, espérons que lorsque viendra pour le comte de Paris l'âge de se montrer homme, on lui fera gagner autrement ses éperons.

La persistance du roi, sous ce rapport, est pour moi un mystère des plus incompréhensibles ; le roi bâtisseur, constructeur, administrateur, économe, qui sait si bien tout ce que vaut la paix, tout ce que mérite le travail, qui a chaque jour autour de lui six ministres de la paix et seulement deux ministres de la guerre, et qui livre *tous* ses enfants à M. le maréchal Soult ou à M. le ministre de la marine, c'est merveilleux selon moi, et il y a là un mystère de la Providence que je crains même de sonder.

Ceci me ramène à la politique. Je n'ai vu de curieux ces jours-ci que le discours de M. Jouffroy, et là aussi vraiment je me sens confondre d'étonnement. La *Gazette* a raison de dire que c'est la paraphrase du rapport de M. de Chantelauze, avec cette différence seulement que M. Jouffroy signale les mêmes maux et la même cause, mais qu'il indique pour remède sa conservation et le développement de sa cause même, tandis que M. de Chantelauze conseillait de la supprimer.

M. de Jouffroy gémit de ce que les Chambres sont fractionnées, la société fractionnée, tous les principes en poussière ou dans la boue, tous les intérêts inquiets, etc. Or, la cause de tout cela c'est la brigue ministérielle, ses petites passions individuelles, la brigue électorale que l'extension du cens rendrait encore plus dangereuse, la licence de la presse, peut-être même la faiblesse du jury ; mais tout cela, monsieur le philosophe, c'est le gouvernement parlementaire, tel que vous l'avez préconisé et pratiqué, ce sont ses traits nécessaires, naturels, indispensables ; vous récoltez ce que vous avez semé ; de quoi vous plaignez vous? Personne encore à la Chambre n'avait exprimé aussi nettement le mal dont la société est rongée, mais la véritable conclusion d'un pareil discours était :

> Allons nous-en, mes chères confrères,
> Allons nous-en chacun chez nous.

Je me réjouis de cette naïve confession, parce

qu'elle annonce que nous approchons du moment où l'on pourra leur dire :

> Allez vous-en chacun chez vous,
>
> Et soyez-y bien sages.

Depuis plusieurs années M. Gauguier dit à la Chambre, avec accompagnement d'un chœur de plus en plus formidable : « Vous êtes des hommes sans conscience. » Voici M. Jouffroy qui, au nom d'une Commission importante, ajoute : « Vos petites passions égoïstes sont cause de tout le désordre social ; vous sacrifiez la société à votre orgueil, à votre ambition ; il y a anarchie en France parce que vous êtes vous-mêmes anarchiques, désunion parce que vous êtes désunis, immoralité parce que vous êtes immoraux ; les lois ne vous manquent pas, vous manquez aux lois. » Et il a mille fois raison. Quand donc viendra le jour où une pareille *accusation* sera suivie de son *jugement* en bonne forme ?

Je ne vous ai rien écrit sur la discussion relative aux fortifications, parce que je vous avais écrit d'avance tout ce que j'avais à vous dire. Je n'ai pas lu la lettre de Michel Chevalier sur ce sujet, je n'ai pas pu me la procurer.

Il me semble qu'il n'est plus question des

amabilités de la Russie, ni de la reconnaissance de notre souveraineté d'Algérie, et que l'on reste bien longtemps à faire connaître clairement la position de Méhémet-Ali vis-à-vis de la Porte.

Adieu, mon cher ami; je pars donc demain pour le nid d'aigles qui en mars n'est pas fort agréable. J'aurais mieux aimé aller à Oran, que je ne connais pas encore; mais personne ne m'a dit d'aller à Oran, tandis que le respectable chef de la commission m'a dit que j'irais à Constantine, et je vais comme on me pousse, quoique, du reste, sous ce rapport, le colonel soit fort bon homme et ne mette jamais obstacle à nos volontés. Mais pourquoi aurais-je une volonté? Est-ce que je sais pourquoi je suis ici plutôt que là? sais-je seulement ce que je fais en Algérie, à quoi j'y suis bon? Je suis un savant, c'est vrai, je ne m'y attendais pas trop, mais enfin j'en suis un, et breveté; un savant, c'est un homme qui étudie, qui sait et qui enseigne; mais il est soumis à des conditions d'existence très-différentes de celles des hommes qui ne sont pas des savants, mais qui *peuvent*. Je conçois très-bien que celui qui a *pouvoir* ait *volonté*, et même que sa volonté soit vive, forte, irrésistible, et par exemple qu'en cinq ou six jours de visite de cette province M. Bugeaud dise : « Détruisez ces camps, ils sont inutiles ; supprimez les kaïds français, ils sont nuisibles ; vous n'aurez que tant de régiments, ils suffiront ; colonisez ici, pas là ; faites une route de ce côté, supprimez cette autre, je n'en veux pas. » Tandis que nous autres nous sommes obligés de nous y prendre autrement. Quand nous avons, je ne dis pas une volonté, c'est trop ambitieux, mais un simple désir, une velléité d'avoir envie de quoi que ce soit, alors nous prenons des détours, nous hésitons, nous voulons, nous revenons, c'est à n'en pas finir, et j'écrivais hier à Curson que je commencerais ainsi un de mes mémoires scientifiques :

« Il me semble, si je ne m'abuse, et si j'ai tenu compte de tous les faits, et je prie le lecteur d'être persuadé que je les ai examinés longtemps et avec une scrupuleuse impartialité, il me semble, dis-je, après cet examen consciencieux, qu'il y a une assez grande probabilité (du moins telle est ma pensée, et je suis prêt à la refondre encore au creuset de nouvelles expériences, si l'on pense que je ne sois pas dans le vrai), il me semble, je le répète encore, qu'il est très-probable que dans Philippeville, où j'ai passé quatre fois et à différentes époques de l'année, observant très-attentivement les phénomènes qui se rattachent à l'objet que je veux traiter ici ; enfin, puisqu'il faut le dire, au risque de blesser des opinions respectables, mais que je ne crois pas suffisamment éclairées, qu'il serait assez bien de mettre dans les rues de Philippeville quelques réverbères, si l'on veut y voir pendant la nuit, quand il ne fait pas clair de lune. »

Comment voulez-vous qu'avec de semblables nécessités on ait une *volonté ?*

Savoir et pouvoir sont deux choses très-différentes : heureux ceux qui, pouvant savent, ou qui sachant peuvent ; ceux-là doivent avoir volonté; malheureux ceux qui, pouvant ne savent pas, ou qui, sachant ne peuvent pas ; à ceux-ci le vouloir est défendu.

Adieu, cher ami ; je vous serre la main et j'embrasse la famille.

P. E.

12 au soir.

Je reçois encore à l'instant par Constantine votre lettre du 26. Depuis lors vous aurez vu que je ne vous gardais pas longtemps rancune, et vous aurez des provisions pour votre voyage d'avril.

Rien encore de Saint-Cyr ; ainsi j'ignore absolument si qui que ce soit a parlé de moi au général B. ; mais franchement je ne crois pas du tout que j'aie rien à voir avec lui. Plus je vais et plus j'ai foi que je n'ai affaire qu'à l'amoureux des fortifications ; mes lettres d'ailleurs sur ce sujet peuvent très-bien avoir renforcé son amour au moins *apparent*. J'aurais pu aller vers cet amoureux par Bugeaud, mais il me paraît que je n'irai pas à Bugeaud par lui.

Je vous répète que je n'ai pas pu me procurer la lettre de Michel par la raison qu'on ne trouve presque ici que le *Charivari*.

J'ai reçu une gentille lettre d'Arthur ; je vois bien que celui-là sera peut-être chrétien.

Rafraîchissez la mémoire de Rivet pour Marion entre nous ; il faut bien que les députés servent à quelque chose, et ici le quelque chose est vraiment justice.

Avant peu, ou bien j'aurai *embêté* complétement par mes lettres et l'on m'enverra poliment promener, et alors nous verrons, je me sentirai plus de liberté ; ou bien il faudra qu'on s'explique plus nettement et qu'on dise ce qu'on attend de moi.

Adieu, vieux camarade. Demain, à 6 heures du matin, en route, et fouette, muletier !

P. E.

Paris-Imp. PAUL DUPONT, 41, rue Jean-Jacques-Rousseau. (741.6.5.)

www.ingramcontent.com/pod-product-compliance
Ingram Content Group UK Ltd.
Pitfield, Milton Keynes, MK11 3LW, UK
UKHW012206240726
13966UKWH00002B/606

9 782012 465022